本书为2013年度教育部人文社会科学研究基金青年项目"网络课程群知识建构的理论分析与实践应用"（项目编号：13YJC880117）的研究成果。

赵慧臣◎著

课程群知识建构
的理论分析与网络实践

中国社会科学出版社

图书在版编目(CIP)数据

课程群知识建构的理论分析与网络实践/赵慧臣著. —北京：中国社会科学出版社，2016.6

ISBN 978-7-5161-8193-5

Ⅰ.①课… Ⅱ.①赵… Ⅲ.①高等学校—教学设计—教学研究
Ⅳ.①G642

中国版本图书馆 CIP 数据核字(2016)第 109550 号

出 版 人　赵剑英
责任编辑　武兴芳
责任校对　韩海超
责任印制　戴　宽

出　　版　中国社会科学出版社
社　　址　北京鼓楼西大街甲 158 号
邮　　编　100720
网　　址　http://www.csspw.cn
发 行 部　010-84083685
门 市 部　010-84029450
经　　销　新华书店及其他书店

印　　刷　北京君升印刷有限公司
装　　订　廊坊市广阳区广增装订厂
版　　次　2016 年 6 月第 1 版
印　　次　2016 年 6 月第 1 次印刷

开　　本　710×1000　1/16
印　　张　14.75
插　　页　2
字　　数　202 千字
定　　价　56.00 元

凡购买中国社会科学出版社图书，如有质量问题请与本社营销中心联系调换
电话：010-84083683

目　录

第二部分　课程群知识建构的理论分析

第三部分　课程群知识建构的网络实践：网络课程群

前　言

随着学科的不断分化与综合，不同课程之间的联系愈加紧密。单门课程与其他课程交叉融合形成课程群，已经成为提高教学效果的重要方式。由于教育管理部门的重视和广大教师的参与，我国的课程群建设取得了一定成绩，但是整体水平与教育改革的期望和经济社会的要求还有较大差距。在课程群建设已经广泛开展的背景下，探讨课程群知识建构问题非常必要。

国外学者在研究课程群问题时，往往将生态和课程联系起来，蕴含课程群知识建构的思想。我国的课程群知识建构研究侧重于定性理论分析，内容上属于实践描述和经验总结。为此，课程群知识建构研究应该构建课程群知识建构的话语体系、阐释课程群知识建构的内在规律、开展课程群的教学设计和进行课程群知识建构的案例研究。

本书针对课程群的知识建构是什么、信息技术如何支持课程群的知识建构、采取什么策略促进课程群知识建构等问题，开展了四个部分的研究。

第一部分为课程群知识建构的现状分析。在此部分，本书调查了大学生对课程群知识建构的认识状况、梳理课程群知识建构的研究状况，为即将开展的理论研究奠定基础。

第二部分为课程群知识建构的理论分析。在此部分，本书在梳理与反思应用复杂科学分析课程问题的基础上，阐释课程群知识建构的内在机制，探讨课程群知识建构共同体的要素及形成过程。

第三部分为网络课程群的知识建构研究。随着网络课程、精品课程、视频开放课程等不断涌现，门数众多、形式多样、内容交叉的网络课程需要联系起来、相互支持，以促进跨课程的网络学习。在此部分，本书在梳理我国信息化环境下知识建构研究现状的基础上，探讨信息技术支持课程群知识建构研究的现状，形成了网络课程群知识建构的研究框架，提出网络课程群知识建构的促进策略。

第四部分为课程群知识建构的案例分析。在此部分，本书既从课程群知识建构视野探讨教育技术学本科课程建设，又根据网络课程群知识建构的分析框架，开展小规模限制性在线课程与大规模开放式在线课程的比较研究。

本书具有图文并茂、理论联系实际的特点，可作为教师、课程管理人员的辅助材料，也可作为教育技术专业人员、课程研究爱好者的参考书。

第一章　绪论

第一节　研究背景

从宏观范围来看，我国以课程群建设、课程结构调整、课程布局规划为重要内容的教育改革正日渐深入。从微观层面来看，学校内部的课程群建设方案、课程群梯队建设、教学支持平台等已引起学校的高度重视。早在 2003 年，苏州大学在反思单一的课程之间缺乏有机的联系，以及对高素质综合学科人才的培养效果不明显的基础上，为确保教学质量、造就高素质的学科专业人才，大胆整合学科专业基础课程体系，着手核心课程群建设。① 在实践广泛开展的背景下，课程群的知识建构研究非常重要。

一　应对科学规律，需要探讨课程群之间的知识建构关系

20 世纪以来，自然科学、技术科学和社会科学三大领域相互交叉渗透，不断涌现出新的交叉课程和综合课程。不同课程之间相互独立的界限正在日益淡化，孤立和封闭的状态已经不复存在。剑桥大学教授斯蒂芬·科里尼在给《两种文化》新版写的导言中指出，学科之间的截然分割、相互理解的缺乏、不同专业团体内好恶的感

---

① 陈树荣、耿新芳：《苏大率先构建"三位一体"核心课程群体系》，http://www.people.com.cn/GB/paper39/9384/869439.html。

情误植，都应被看作问题，不应被当作事情不可改变的秩序而接受。对课程群演变进行探究，特别是对课程与课程之间的关系进行探索，有助于把握课程群的发展轨迹，阐释课程群知识建构的内在规律，发挥课程群知识建构的整体效果。

例如，广西大学法学院法学专业形成了课程群制度①。在课程群概念上，广西大学法学院提出课程群是根据学科分类、课程内容和类型以及课程之间的关联由1—2门理论课和4—6门应用课组成的一组相关课程群体。在课程群的功能上，广西大学法学院认为：合理分配各课程学时和学分，要求学生对每个课程群必须选够一定学分，使其具备法律通才的专业素养，从教学计划层面防止学生的偏科现象；课程群以1—2门理论课带动4—6门应用课，体现了知识与技能并重的要求，有利于学生形成兼顾知识与能力的知识结构。

在课程群的设置上，广西大学法学院构建了基础课程群（包括"法理学""宪法学""中国法制史"［含思想史］、"外国法制史"［含思想史］"行政法学""立法学""法律逻辑学""法学社会学""法学专业英语""书法与速记""港台法概论""英美法概论"［双语教学］、"民族法"［含"宗教法""公务员基本知识与技能"］等课程）、民法课程群（包括"民法总论""物权法""婚姻继承法""知识产权法""公司法与企业法""合同法"等课程）、经济法课程群（包括"经济法基础理论""税法""票据法""金融保险法""劳动与社会保障法""房地产法""证券法""电子商务法"等课程）、国际法课程群（包括"国际经济法""国际公法""国际私法""海商法"等课程）、刑事法律课程群（包括"刑法总论""刑法分论""比较刑法学"［双语教学］、"犯罪心理学""刑事司法学""刑事侦查学""检察学"等课程）、诉讼法课程群（包括"民事诉讼法""刑事诉讼法""行政诉讼法""证据学""仲裁法律制度与实

---

① 广西大学法学院，http://law.gxu.edu.cn/。

务""司法文书学""司法口才学""律师与公证实务"等课程）。

二 完善知识创新体系，需要加强课程群的知识建构研究

"当有价值的知识被限制在学科专家所倡导的学科及其他的主流文化，以有利于学科分立的方式组织课程，并且成为未来'资产'的积累和文化装饰品时，就会产生两种现象：第一，容易导致年轻人相信重要的知识是抽象的，是远离他们生活的；第二，剥夺了他们的学习机会，使他们无法将知识组织和运用于他们所关心的议题中。"①

在知识经济时代，知识创新是促进科技发展和社会进步的原动力。一门课程与其他课程交叉形成课程群，不仅是课程变革的组成部分，而且是科技创新的重要来源。因此，研究课程群演变的关系，探讨课程群的知识建构研究，有助于挖掘知识创新的源泉，洞察知识生长的机制，从而充分发挥课程群生产知识、传授知识和培养人才的作用。

例如，机电一体化技术是一门由机械和电子学科交叉而成的综合性应用技术，不仅内容十分丰富，涉及机械、电子、检测、控制、驱动等多个技术领域，而且实践性强，技术更新速度快。机电一体化课程群包含"微机原理与应用""测试技术""机床数控技术""机器人""机电一体化"五门课程，此外，还包括"机电一体化综合实验"和"微机应用实验"两门选修实验课程。② 各门课程在机电一体化知识体系中的功能定位如图 1−1 所示。

该课程群的总体设计目标是培养学生不仅掌握机电一体化系统的基础原理、常用测控及驱动等单元技术，而且具备较强的工程实践动手能力、综合应用能力和创新能力，能够适应社会发展对机电一体化技术人才的素质需要。

---

① ［美］詹姆斯·比恩：《课程统整》，单文经等译，华东师范大学出版社 2003 年版，第 13 页。

② 南京航空航天大学精品课程建设网，http://gc.nuaa.edu.cn。

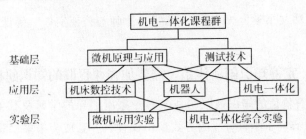

图1-1　机电一体化课程群的体系结构

三　根据课程发展的阶段，需要关注课程群的知识建构研究

在课程关系演变的过程中，由课程组成的课程群经历了共存、竞争和协同的演变过程。在共存阶段，课程数量较少，课程资源比较丰富，课程之间还未出现竞争。当课程数量达到一定程度时，某门课程必然会与其他课程争夺有限的资源。为了避免过度竞争，课程之间应该强调互补，形成协同关系，共同利用教学资源。

作为一种知识建构活动，课程群的教学活动有利于引发人们更加关注课程整合中的知识创新，从而促进人们以课程群知识建构的方式革新教育理念与实践。例如，"江苏省是目前国内课程群建设开展得最广泛的省份，2004年，教育厅（苏教高〔2004〕19号）资助了200门优秀课程和32个优秀课程群。与课程群建设的实践相呼应，有学者在理论上大声疾呼，'组建课程群，打造学科优势'"。①

四　凸显不同的学校特色，需要促进课程群的知识建构研究

学校特色是在发展过程中，通过长期积淀而形成的区别于其他学校的个性特征。具体到课程建设上，就是你无我有、你有我强、

---

① 付八军、冯晓玲：《高校课程群建设：热潮还是趋势》，《江苏高教》2007年第4期。

你强我优。例如，曲阜师范大学信号与信息处理教学团队从优化课程教学设置出发，整合教学内容，调整教学进度，改进教学方法，形成了"信息与信号处理课程群"。该课程群主要包含"信号与系统""自动控制理论""数字信号处理""MATLAB仿真与应用""DSP原理与应用""嵌入式系统"等六门课程。

课程之间的交叉融合是课程关系的本质反映。课程群的知识建构则能最大限度地发挥课程之间的相互作用。探讨课程群的知识建构研究规律，可以为课程交叉渗透和新兴课程的培育提供条件，有利于构建具有学校特色的课程。例如，西华大学加大课程改革力度，四门"人格与素养课程群"选修课获准重点建设。[①]"经典名著鉴赏""国学导读""物理精神与人文精神""当代全球问题分析"四门课程的老中青三代教师根据各自承担的教学任务、专业特点、授课经验，从不同角度对人格与素养课程重点课程的导向和目标发表了意见和建议，为推进"人格与素养课程群"的试点改革献计献策。

第二节　问题提出

一　不同课程之间的知识建构关系是什么？

人们已经注意到不同课程之间需要联系起来，共同培养创造性人才。面对复合型、创新型人才培养的问题，不能只从单一课程入手来进行课程改革，而应该从整体出发建设课程群。课程群知识建构研究让人们关注课程群的协同教学问题，而不仅仅注意到单门课程的教学；深入剖析课程群知识建构的内在规律，为教师以课程群方式开展教学活动提供理论指导。

然而，从现实情况来看，课程群知识建构的实践问题在某种程

---

① 《西华大学加大课程改革力度　四门"人格与素养课程群"选修课获准重点建设》，http://news.xhu.edu.cn/news/xihuayaowen/2010 - 12 - 02/14935.html。

度上是未能深入研究其知识建构规律导致的。那么课程群的知识建构问题应该采用什么理论工具进行分析，具体包括哪些关系，这些问题都需要我们予以关注。

二 信息技术如何支持课程群的知识建构？

伴随着以计算机网络为代表的信息技术的不断发展，从 2000 年批准远程教育试点院校以来，我国已经积累了大量的网络课程资源。到 2010 年，仅国家精品课程资源网上的本科课程达 12410 门，高职课程达 4528 门。"十二五"期间，国家计划建设精品视频公开课 1000 门、精品质量共享课 5000 门。

为促进不同网络课程的协同创新，人们可以按照学生能力培养的目标，打破传统课程内容的归属性，把内容联系紧密的网络课程作为课程群进行建设。网络课程群以网状模式突破网络课程间的区别，将不同课程的教学内容、教学方法横向交叉渗透，实现不同网络课程的协同创新，既促进单门网络课程教学的提升，又实现不同网络课程的互相补充、相得益彰。

那么，以计算机网络为代表的信息技术如何在理念传播、资源建设与平台搭建等方面支持课程群的知识建构以及如何根据学习者特征运用信息技术支持课程群的知识建构，以更好地培养复合型、创新型人才呢？

三 采取什么策略可以促进课程群知识建构？

由于管理部门的重视和教师的参与，我国的课程群知识建构取得了一定成绩，但是整体水平与教育改革的期望还有差距。如果仅仅关注实践的具体现象而不研究深层次的理论问题，就难以引导课程群实践的有效开展。因此，探讨课程群的知识建构研究问题，采用适当策略强化不同课程之间的协同建构关系，可以促进课程整体水平的提高。

那么，在课程群知识建构的促进策略中，学校、教务处和院系应该发挥什么作用？教师、学生和管理人员应该扮演什么角色？在教学需求分析、教学目标阐明、教学模式设计、教学资源建设与教学效果评价等方面，人们应该如何以课程群的方式进行改革教学设计，以发挥课程群的整体效果？

第三节　概念界定

在研究课程群知识建构之前，有必要界定相关概念。不同学者对课程群相关概念存在争议。因此，有必要对相关概念进行深度分析。

一　课程群

课程群是一系列相互之间有意义的联系，各有分工，可以系统地实现特定教学目标的课程组合。建设课程群可以有效克服课程体系建设过程中过于强调某一门课程的内容，而缺乏对相关课程的研究，造成课程间重复过多、内容过时及与课程实践相脱节等问题，是提高课程实施效果的重要措施。① 关于课程群的概念，学术界持不同的观点，主要有以下几种。②

根据课程群组合的基础，范守信教授认为：课程群是某一学科内诸多课程的集合，是从属于某个学科、相互之间有着合理分工、能满足不同专业教学要求的系统化的课程群体。③ 吴开亮教授提出：课程群是以一门以上的单门课程为基础，由三门以上的性质相关或相近的

---

① 郭必裕：《课程群建设与课程体系建设的对比分析》，《现代教育科学》2005 年第 7 期。

② 郭绘绘：《高校网络课程群建设的现状与对策研究》，硕士学位论文，河南大学，2013 年，第 1 页。

③ 范守信：《试析高校课程群建设》，《扬州大学学报》（高教研究版）2003 年第 3 期。

单门课程组成的结构合理、层次清晰、课程间相互连接、相互配合、相互照应的连环式的课程群体。① 郭必裕教授认为：课程群是由承担不同任务，在内容上有不同特点，但为了完成共同的教育目标而形成的多个子课程有机组成的系统；课程群知识建构是为了使各门课程协调发展、齐头并进、协同作用，讲究发挥整体效益，达到最佳效果。②

根据课程群的组建对象，陈文山教授认为：课程群是由内容上密切相关、相承和渗透，具有互补性的几门系列课程组合而成的有机整体，按大课程框架进行课程建设，进而获得整体优势，打造学科优势。③ 王嘉才、杨式毅、霍雅玲、于倩认为：课程群是以现代教育思想为指导，对教学计划中具有相互影响、互动、有序，相互间可构成完整的教学内容体系的相关课程进行重新规划、设计、构建的整合性课程的有机集成的系统。④

课程群是针对受教育对象，将相关课程进行整合，将重复过时的内容剔除以提高教学效率的过程。⑤ 课程群根据新的教育培养目标对旧的课程群重新整合，达到一定的规模效益，有很强的操作性和实用性，是属于中观、微观层面的课程建设。课程建设、课程群知识建构和课程体系建设三者之间有着紧密的关系。⑥ 根据郭必裕对这三者的比较研究，其部分关系如表1-1所示。

作为一种新型课程建设的模式，课程群顺应了教育改革的要求，在传统课堂和网络课堂中日益受到重视。学校将同一学科的相关课

---

① 吴开亮：《关于高师院校课程群建设的探讨》，《江苏高教》1999年第6期。

② 郭必裕：《对高校课程群建设中课程内容融合与分解的探讨》，《现代教育科学》2005年第2期。

③ 陈文山：《组建课程群打造学科优势》，《琼州大学学报》2003年第5期。

④ 王嘉才、杨式毅、霍雅玲、于倩：《课群及其质量检查评估指标体系的研究》，《高等工程教育研究》1999年增刊。

⑤ 梁树军、程静：《软件人才培养课程群的探索与实现》，《计算机教育》2008年第22期。

⑥ 张恒：《论高校服装结构设计课程群及体系化建设》，《青年文学家》2009年第24期。

程统一编排后构成课程群，既有利于不同课程之间的优化组合，也避免了不同专业之间课程内容的过度重复。

表 1-1   课程建设、课程群知识建构和课程体系建设的比较

课题特点 课程类别	研究层面	研究对象	课程门数	建设内容
课程建设	微观	某一课程	一门	课程实施
课程群知识建构	中观	课程群	三门以上	相关课程整合
课程体系建设	宏观	所有课程	N 门	调整课程模块

二 课程群知识建构

随着学科的不断分化与综合，高校课程之间的联系愈加紧密。单门课程与其他课程交叉融合形成课程群，已经成为提高教学效果的重要方式。"课程群是以一门以上的单门课程为基础，由三门以上的性质相关或相近的单门课程组成的结构合理、层次清晰，课程间相互连接、相互配合、相互照应的连环式的课程群体。"[1]

（一）课程协同进化：课程之间相互作用而发生变化

进化是事物发展的必然规律。正如生态学家赫伯特·斯宾塞所认为的：进化是物质从无序到有序、从同质到异质、从简单到复杂的有向过程。"进化的概念既包括生物进化也包括非生物的进化，既可以指自然界的进化，也可以代表社会结构和社会文化的发展和变迁。"[2] 进化规律已经是自然与社会的普遍规律，进化概念也成为自然科学和社会科学的重要内容。

1964 年埃利希和雷文首次提出"协同进化"（coevolution）一词，用来阐述昆虫与植物进化过程中的相互关系。1980 年扬岑提出

---

① 吴开亮：《关于高师院校课程群建设的探讨》，《江苏高教》1999 年第 6 期。
② 王平：《生态平衡观视域下的高等学校职能调控研究》，硕士学位论文，河北科技大学，2009 年。

了被广泛认可的定义："一个物种的某一特性由于回应另一物种的某一特性而进化，而后者的该特性也同样由于回应前者的特性而进化。"① 1976 年，德国学者哈肯创立了"协同学"，认为部分之间的协同进化是系统存在和发展的必要条件。

课程个体的进化过程是在环境选择的压力下进行的，而环境不仅包括单门课程的非课程因素，而且还包括其他课程的非课程因素。因此，"物种的进化必然会改变作用于其他生物的选择压力，引起其他生物也发生变化，这些变化反过来又会引起相关物种的进一步变化"②。课程之间相互影响，产生协同进化，构成相互作用的协同适应系统。

（二）课程群知识建构：不同课程知识的相互作用

"知识通常是个体在一个具有互动的情境中获得的，作为具有一定的学习经验与认知结构的成人，其学习情境或发生的条件与儿童具有很大的不同。"③ 作为建构主义学习理念中的核心术语，知识建构理论认为，知识的获得不是学习者简单接受或复制的过程，而是积极主动建构的过程。④ 课程群知识建构指某一课程通过自身进化来影响其他课程，而其他课程的进化又改变着此课程的进化，最终导致课程系统的进化。课程群的知识建构常常表现为课程与课程之间和课程群与课程群之间的相互作用。其中，课程之间的协同进化是课程群知识建构的基础，课程群之间的协同进化则表现为课程群系统的知识建构。

在课程群知识建构的过程中，不同课程通过相互调节来共同适应

---

① 张树义：《协同进化（一）：相互作用与进化理论》，《生物学通报》1996 年第 11 期。

② 王梅：《基于生态原理的学科协同进化研究》，博士学位论文，天津大学，2006 年。

③ 陶侃：《游戏 MOD 中的知识建构、共同体与网络学习资源的再创新》，《电化教育研究》2009 年第 10 期。

④ 钟志贤：《知识建构、学习共同体与互动概念的理解》，《电化教育研究》2005 年第 11 期。

彼此的变化，以提高课程的整体水平。某门课程的进化可能会引起其他课程的适应性变化，而这种变化将会引起相关课程的进一步变化。此时，多门课程常常相互影响，形成协同进化的课程群系统。

在与外界环境相协调的过程中，若干门课程往往需要通过进化以形成新的课程群。如果课程之间并无相互作用，那么各自独立演进的过程只能称之为进化，而非协同进化。课程群通过协同进化，不断增强课程相互作用，引导课程群成为互相作用的系统，从而提高课程群的知识建构水平。

三　网络课程群

作为近年来高校网络教学中出现的新模式，网络课程群弥补了不同专业网络课程内容彼此独立的缺陷，促进了不同网络课程之间的融合，避免不同网络课程的重复建设，尽可能满足了学习者个性化、多层次的需求。

其中，丁志斌等认为：网络课程群应由三门以上的课程组成，各课程的教学内容具有不可重复性，同时知识点之间存在相对独立和离散性，知识点之间关系亲和，内容可集群；实践环节或技能培养环节是连贯、递进的。[1] 熊芳认为：网络课程群指使用计算机技术和互联网所实现的本专业或跨专业培养方案中若干门在知识、方法、问题等方面有逻辑联系的课程加以整合而成的网络课程体系。[2]

第四节　研究意义

本书将课程群问题具体到课程群知识建构的时代背景下，体现

---

① 丁志斌、李茂莉：《英语专业网络课程群资源建设模式与途径》，《现代教育科学》2010 年第 3 期。

② 熊芳：《基于博客的电子商务专业网络课程群的设计与实现》，硕士学位论文，湖南大学，2007 年。

在教学设计的重要方式上，从而抛却了空洞的理论性讨论，而转换为面向现实问题的理论建构和实践探索。

一 理论意义：构建课程群知识建构的理论基础

首先，课程群的知识建构研究有助于深化对课程群的认识。传统的课程理论多将课程群看作为静态的知识体系。本书从生态系统角度重新审视课程群，不仅界定了课程群的含义，改变了传统单一课程视角的狭隘认识，而且使人们以整体论与系统观思考影响课程群发展的因素，有助于真正掌握课程群知识建构的规律。

其次，课程群的知识建构研究有助于丰富课程管理的理论。课程群建设涵盖学校定位、教师队伍建设、教学管理、资源配置以及平台建设等，是一项复杂的、涉及面广的教学管理活动。课程群的知识建构研究可进一步丰富课程管理理论，改善课程群知识建构的管理活动。

最后，课程群的知识建构研究有助于拓宽课程研究的视野。传统对课程的研究多局限于教育学领域，而课程群知识建构具有动态、系统和综合的特点，将研究方法突破教育学的范围局限，拓宽至生态学、系统科学等诸多领域，可以更好地分析课程群知识建构的关系。

二 实践意义：提供课程群知识建构的建议对策

伴随课程改革与发展的不断深入，课程群的知识建构研究显现出越来越强的实践意义。

由于课程之间具有较强的关联度，单门课程水平的提高还有赖于其他课程的协同作用。"仅限于具体的各门课程自身的调节，而没有考虑课程在课程结构和课程体系中的位置和相互关系，没有从整体上使整个课程系统得到改善。"[1]

---

① 吴开亮：《关于高师院校课程群建设的探讨》，《江苏高教》1999 年第 6 期。

一方面，课程群知识建构是学校课程改革与发展的重要命题。探讨课程群的知识建构研究问题，能够通过不同课程之间的协同知识建构，促进学校课程整体水平的提高。

另一方面，课程群知识建构研究对其设计开发具有应用价值。目前的课程群知识建构研究设计开发受传统课程管理体制的影响，而对深层次理论的关注不足。开展课程群的知识建构研究有助于阐释课程群的规律，提高课程群的应用效果。

第五节　研究目标

首先，课程群知识建构的理念启迪。本研究引发人们从教学设计角度对课程群知识建构问题的更多关注，而不仅仅是关注个别课程的进展。

其次，课程群知识建构的理论深化。本研究可以深化人们对课程群知识建构规律的认识、理解与把握，并应用教学设计方式促进课程群的知识建构活动。

最后，课程群知识建构的实践参考。本研究为人们按照协同进化的规律，从教学设计层面开展课程群的知识建构活动提供实践参考。

第六节　主要内容

鉴于课程群知识建构研究的复杂性与课程群知识建构实践主体的多样性，为便于开展研究，在资料的选择和使用方面主要侧重于高等学校课程群，但研究结论也适用于其他学校的课程群。

一　构建课程群知识建构的话语体系

一切理论研究都建立在概念的基础上，课程群知识建构研究也不例外。课程群知识建构是由若干课程通过非线性相互作用，组成的复杂的课程教学系统。对于"课程群是什么"这个问题，本身并不复杂，无非是若干门相关课程的集合，只是从不同的角度可以分成许多不同类型的课程群。

为此，可以采用类比分析、系统分析等方法，根据生态群理论和系统理论等相关基础理论，以协同进化理论为指导，分析课程群系统的特征，提出课程群系统的概念。具体说来，分析课程群系统的要素，提出课程群、课程群落等概念，不断构建课程群知识建构的话语体系，为开展课程群知识建构研究奠定基础，如表 1 - 2 所示。

表 1 - 2　　　　　　自然生态系统与课程群系统的比较

自然生态系统		课程群系统	
个体	生物体	课程	专题知识的集合
种群	同种生物体的集合	课程群	同一性质课程的有机结合而成的集合体
群落	不同生物群体的集合	课程群落	不同性质课程群有机结合而形成的集合体

二　阐释课程群知识建构的内在关系

课程群知识建构研究既需要剖析课程群在隐性本体层面的知识建构规律，又需要以此为参照，探讨课程群如何在显性社会层面实现知识建构。其中，本体层面课程群知识建构指作为反映知识系统的课程群之间的相互协同；社会层面课程群知识建构指教师等实践主体获取和应用课程群资源的状况。

课程群知识建构要达到什么目标、如何进行研究，首先需要进行理论假设，并且从逻辑上去论证假设是否合适。为此，本书以课程群演化为线索，回顾课程群产生、协同和发展的演变过程，为理论研究提供感性上的认识。在此基础上，根据生态原理，分析课程群知识建构的方式。

三　提出课程群知识建构的分析框架

尽管课程群知识建构研究建构了话语体系、阐释了规律，但是在特定的社会环境中，人们受到教育文化以及教学习惯等因素的制约，对课程群知识建构的理解是有限的。在应用课程群开展教学时，在具体层面如何实施成为人们需要关注的问题。

因此，可以根据知识建构的基本原理，从教学设计的角度分析课程群知识建构问题，以便更加深入地理解课程群的教学过程，如图1-2所示。具体说来，根据教学设计的基本原理和主要流程，在学习需求分析（学习内容分析、学习者分析）、学习目标阐明、教学策略选择、教学环境建构、教学效果评价（形成性评价、总结性评价）等方面，探讨在课程群教学活动的实施策略。

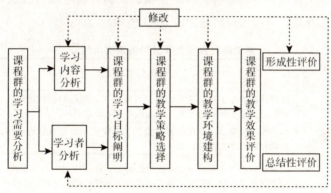

图1-2 课程群知识建构的教学设计框架

四 开展课程群知识建构的案例研究

课程群知识建构研究不仅需要理论予以阐释，还需要案例予以明晰。目前课程群的知识建构研究侧重于归结具体学校或具体课程的实践经验，导致研究深度不足，研究结论缺乏实证基础。

为此，需要结合统计资料和实际调研的数据，分析课程群知识建构现状；并访谈课程研究专家、教学管理人员，获得理论指导和深度分析。以"视觉文化与媒介素养"课程和教育技术学本科专业课程为例，开展课程群知识建构的案例研究；在此基础上，深入分析课程群知识建构的现状和问题，提出针对性的对策与建议。

第七节　研究方案

一　写作方法

本书在总体上采用理论研究与实证分析相结合的方式，运用多学科交叉研究的方法，定性分析与定量分析相结合，既强调理论架构与观念创新，又结合现实问题进行现状分析与对策研究。

本书综合运用了生态学、系统科学等多学科的理论，采用了文献分析、类比分析、历史分析、模型建构、案例分析等多种方法。主要研究方法及其针对的关键问题如表1-3所示。

表1-3　　　　　　　**主要研究方法及其针对的关键问题**

针对问题 研究方法	解决的主要问题
文献分析法	梳理课程群知识建构研究的相关文献，评价课程群知识建构研究的现状，论证相关研究的不足，形成需要进一步研究的内容
类比分析法	应用生态原理，从类比推理的角度，构建课程群系统的理论体系，提出课程群知识建构的类型
历史分析法	回溯教育技术学本科专业课程群的历史，评价课程群知识建构的现状；梳理课程群产生与发展的历史渊源，分析课程群系统知识建构的关系
模型建构法	分析课程群系统的要素、结构和环境等因素，根据教学设计的基本理论，构建体现协同进化特征的课程群分析框架
案例分析法	以教育技术本科专业课程群的知识建构研究问题为分析案例，验证课程群知识建构的理论与方法

二　技术路线

作为崭新的领域，课程群的知识建构研究需要确证研究意义、抽象理论内核、构建理论体系、进行应用研究等。因此，研究的技术路线分为以下三个阶段，如图1-3所示。

1. 资料调查与意义确证阶段：分析课程群知识建构研究的价值与现状。首先，从知识—课程—课程群层层递进的角度，说明研究课程群的重要性以及探讨课程群知识建构的必要性；其次，通过分析相关文献，论证课程群知识建构研究具有的理论与实践意义；最后，评析教学设计在教育活动及课程设计中的研究现状，论证从教学设计视角研究课程群具有方法上的可行性。

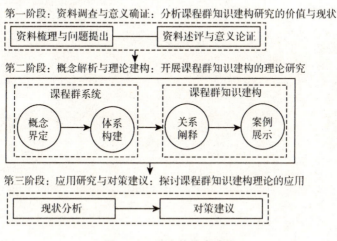

图 1-3　研究的技术路线

2. 概念解析与理论建构阶段：开展课程群知识建构的理论研究。采用类比分析、系统分析等方法，从阐述课程群系统的概念、构成要素、结构和环境，课程群知识建构的类型出发，根据教学设计的基本原理，进一步从教学目标、教学内容、教学模式和教学评价等方面揭示课程群知识建构的实现途径。

3. 应用研究与对策建议阶段：探讨课程群知识建构理论的应用。以教育技术学本科专业课程为例，从分析显性的社会层面课程群的知识建构研究问题，提出课程群知识建构的对策建议。另外，通过对课程研究专家、教学管理人员的访谈，获得理性指导和深度分析，改进课程群知识建构的对策建议。在此基础上，根据理论研究和应用研究的成果，提出优化课程群知识建构的对策建议。

第一部分
课程群知识建构的现状分析

第二章 大学生对课程群知识建构的基本认识

课程群知识建构是近几年高校新课程改革的重要方向。此次调查立足于教育信息化的时代背景，抓住课程群知识建构的热点问题，系统地探讨了当前影响课程群知识建构的因素，并从学校、教师和学生三个方面了解了高校如何开展课程群知识建构的情况。

第一节 调查过程：了解大学生对课程群知识建构的认知

调查目的：通过搜集和了解大学生对课程群知识建构的认知，在此基础上进行课程群知识建构的理论分析与案例研究，以期促进大学生利用课程群知识建构开展学习活动。

一 调查对象：四个年级的大学生

大学生对课程群知识建构的认知状况的调查，回收118份。其中有效问卷115份，占总人数的97.46%。问卷的有效率较高，问卷具有较高的可信度。

（一）调查对象的年级分布

在调查对象中，一年级同学为43人，占有效人数的37%；二年级同学为28人，占有效人数的24%；三年级同学为26人，占有效人数的23%；四年级同学为18人，占有效人数的16%。四个年级的样本均为随机选择。根据问卷数据结果,调查对象对课程群的知识建构问题认识的年级差异性在具体的题目中的体现,如图2-1所示。

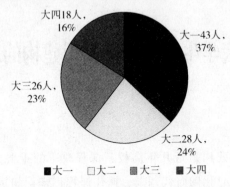

图2-1　调查对象的年级分布情况

（二）调查对象的性别分布情况

调查对象中大学生男女生比例为1∶1.21。此次调查中男女大学生在对课程群知识建构的认识方面,对问题的选择比例基本相当。在课程群知识建构的调查结果上不存在男女性别差异,如图2-2所示。

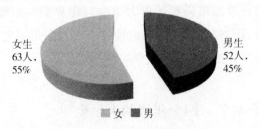

图2-2　调查对象的性别分布情况

二　调查方法:问卷与访谈两种

此次调查历时2个月,采用了调查问卷随机发放与个人访谈两种方式,以了解大学生对课程群知识建构的认知状况。问卷调查在河南大学教育科学教育技术学本科学生上课前发放。另外,笔者针对性地访谈部分大学生，以进一步丰富调查所得的数据。

三　调查内容：大学生对课程群知识建构的认知状况

调查问卷为自编的《大学生对课程群知识建构认知状况的调查问卷》。此问卷主要内容为大学生对课程群知识建构的认知状况。具体包括：（1）不同课程之间是否存在联系；（2）教学中是否需要课程群的知识建构以及如何实现；（3）学习中是否需要课程群的知识建构以及如何实现；（4）信息技术如何促进课程群的知识建构、学校如何支持课程群的知识建构。

不同小题按照课程群知识建构是什么、为什么、怎么办等方面展开；每个方面包括3—4个小题；每个小题下面有4个选项。

四　数据分析：定量分析与定性研究结合

定量与定性结合的研究方法已经成为调查分析与对策研究的重要方法。因此，本书采用定量与定性结合的研究方法，根据数据来统计分析大学生对课程群知识建构的认知状况，并从教学关系、信息技术与学校等方面分析课程群知识建构的现实情况，以便针对性地探讨如何通过课程群知识建构来提高学习质量。

第二节　调查结果：大学生对课程群
知识建构充满期待

一　课程群存在知识建构关系的状况

在"就所学专业课程来看，你认为所学专业课程之间是否存在一定的联系"的调查问题中，调查对象中认为专业课程之间存在联系的有102人，占有效人数的88.7%；认为专业课程之间不存在联系的有7人，占有效人数的6.1%；不清楚此问题的有5人，占有效人数的4.3%；未注意到此问题的有1人，占有效人数的0.9%，如图2-3所示。由此可见，大部分学生认为所学专业课程之间存在一定的知识联系。

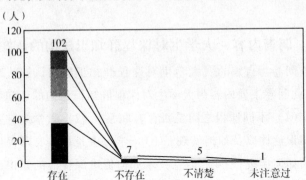

图2-3　大学生认为所学专业课程之间是否存在一定的知识建构联系

在"你认为所学专业课程之间有哪些方面的联系"的问题中，按照所选选项从多到少的顺序，调查对象认为所学专业课程在课程目标、课程教学方法、课程内容和课程评价方面存在联系，如图2-4所示。

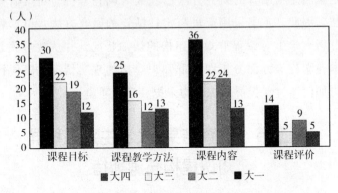

图2-4　大学生认为"所学专业课程之间有哪些方面的联系"

针对"哪些特点能体现不同课程之间联系"的问题，四个年级的样本各有侧重，如图2-5所示。其中，一年级学生多认为课程前后衔接和课程之间有层级；二年级学生多认为课程前后衔接、课程目标互补和课程间有层级；三年级学生多认为课程目标互补，课程间有层级和课程前后衔接；四年级学生多认为课程目标互补和课程前后衔接。

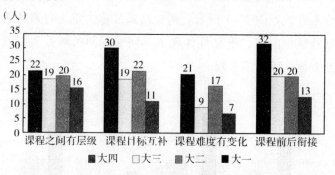

图 2-5　大学生对"哪些特点能够体现出不同课程之间的联系"的认识状况

二　教师教学中的课程群的知识建构

在"教师是否有必要将不同课程的知识联系起来"的问题中，认为教师有必要将不同课程的知识联系起来的有 108 人，认为没有必要将不同课程联系起来的有 6 人；不清楚此问题的有 1 人，如图 2-6 所示。由此可见，大部分学生认为教师应加强不同课程的知识联系。

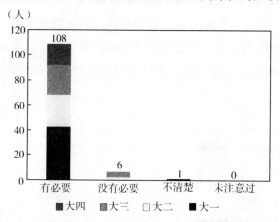

图 2-6　大学生对"教师是否有必要将不同课程的知识联系起来"的认识状况

对于"教师应如何让不同专业课程形成联系"的问题，93 人认为应做到课程内容互补，减少重复；84 人认为应做到课程目标逐步递进；74 人认为应做到教学团队互相协作；39 人认为应做到教学评价逐步上升，如图 2－7 所示。调查结果显示，学生普遍认为课程之间的互补性与内容的重复性体现了不同课程间的联系。因此，教师应在此方面给予更多重视。

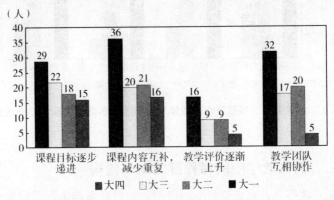

图 2－7　大学生对"教师应如何让不同专业课程形成联系"的认识状况

三　学生学习中的课程群知识建构

在"学习中是否需要将不同课程的知识联系起来吗"的问题中，调查对象中认为学习中需要将不同课程的知识联系起来的有 113 人，如图 2－8 所示。数据说明，本科学生对课程联系的问题有着基本一致的认识。

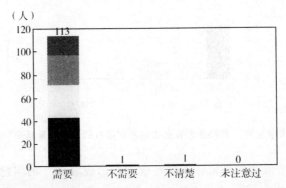

图 2－8　大学生对"学习中是否需要将不同课程的知识联系起来"的认识状况

在"学习中如何将不同课程的知识联系起来"的问题中，95人认为应以联系的方式学习课程内容；92人认为课程协同，将产生互补效应；66人认为以信息技术支持跨课程的学习；57人认为以递进的方式考察课程评价，如图2-9所示。根据调查结果，四个年级没有明显差异。

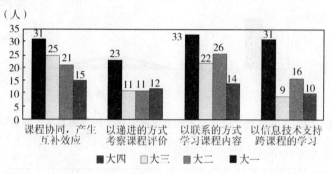

图2-9　大学生对"学习中如何将不同课程的知识联系起来"的认识状况

四　信息技术如何促进课程群知识建构

在"信息技术能否促进课程之间协同发展"的问题中，认为信息技术能促进课程群知识建构的有104人；不清楚此问题的有10人；未注意到此问题的有1人，如图2-10所示。由此可见，大部分学生认为信息技术能够促进课程的协同发展，但有一部分同学还不了解信息技术与课程群知识建构之间的深层次关系。

在"为什么信息技术能够促进课程群知识建构"的问题中，多数人认为是教学资源多样性，其次是教学方法更丰富、教学模式多样化，最后是网络化学习方式。四个选项的数据结果差异不大，如图2-11所示。

在"信息技术如何促进课程群的知识建构"的问题中，105人选择多样化的学习资源类型，79人选择基于网络的协同教学模式，66人选择开放交流的学习平台，39人选择课程学习策略更加多元化，如图2-12所示。这说明调查对象对于信息技术所提供的多样

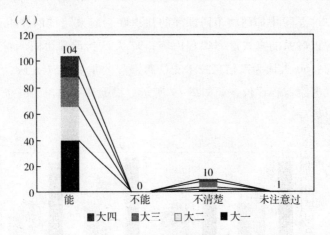

图2-10 大学生对"信息技术能否促进课程之间协同发展"的认识状况

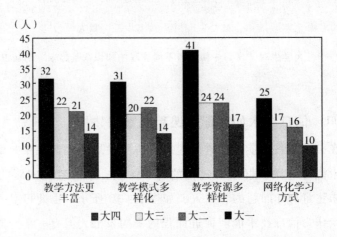

图2-11 大学生对"为什么信息技术能够促进课程群知识建构"的认识状况

化学习资源体验较多,而对课程群的知识建构教学模式、学习策略和学习平台的尝试相对较少。

五 学校如何支持课程群的知识建构

在"学校是否应该促进课程群的知识建构"的问题中,107人认为学校应促进课程群的知识建构。在"学校应在哪些方面促进课

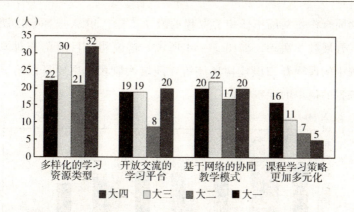

图2-12 大学生对"信息技术如何促进课程群知识建构"的认识状况

程群知识建构"的问题中，96人选择构建多种教学资源；76人选择采用协同方式构建教学内容；76人选择采用多样化的教学方法；65人选择构建互补的教学团队，如图2-13所示。

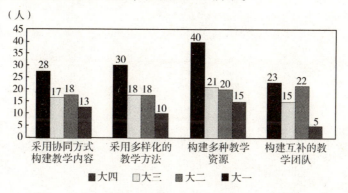

图2-13 大学生对"学校应在哪些方面促进课程群知识建构"的认识情况

这说明本科学生在对课程群知识建构的认识上比较有限，认识方式也比较直接，往往对于看得见的教学资源有一定的认识，而对于课程内容、教学方法等课程之间的协同联系认识不足。

在"学校如何促进课程群知识建构"的问题中，105人选择了多门专业课程的设置与专业能力构成相对应；67人选择了设计多元化的教学内容、形式和手段，课程层级由低到高；79人选择了多教师共同合作、共同担任相关课程的教学工作；39 人选择了以课程群方式开展教学活动，如图 2 – 14 所示。这说明，目前调查对象所在学校中的课程群知识建构还停留在浅层次阶段，主要是以培养方案为依据的简单的课程组合。

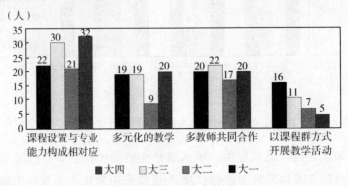

图 2 – 14　大学生对"学校如何促进课程群知识建构"的认识情况

第三章　课程群知识建构的研究现状*

在学科不断分化与综合的过程中，交叉知识、综合知识大量涌现，高校课程之间的联系愈加紧密。单门课程与其他课程交叉融合形成课程群，已经成为提高教学效果的重要手段。"课程群是以一门以上的单门课程为基础，由三门以上的性质相关或相近的单门课程组成的结构合理、层次清晰，课程间相互连接、相互配合、相互照应的连环式的课程群体。"[①]

在课程群知识建构中，某门课程的特性由于另一课程的特性而有所完善，而另一课程的特性也对某门课程的特性产生促进作用。课程群知识建构的研究主要包括关注课程群知识建构的问题、分析课程群知识建构的现象、揭示课程群知识建构的内在规律以及指导课程群知识建构的实践等内容。

第一节　课程群知识建构研究的时代背景

从宏观层面看，我国高校在专业课程设置、课程结构调整等方面均不同程度地体现课程群的思想。从微观层面看，高校已经重视课程群管理、课程群团队和网络课程群等。在课程群建设已经广泛开展的背景下，探讨其知识建构的规律非常必要。

---

* 本章主要内容发表在《现代教育管理》（中文核心）2012 年第 12 期。
① 吴开亮：《关于高师院校课程群建设的探讨》，《江苏高教》1999 年第 6 期。

　　首先，面向科学不断分化与融合的规律，需要探讨课程之间的知识联系。"二十世纪以来，科学发展呈现出许多新的特点：知识在高度分化的同时，开始向多学科综合方面发展；自然科学、技术科学和社会科学三大领域相互交叉渗透，不断涌现出新的边缘学科、横断学科和综合学科。"① 伴随科学技术的分化与融合，现代课程不断出现交叉课程和综合课程。探索课程与课程之间的知识建构关系，有助于根据科学技术的发展规律，最大程度上发挥课程群的效用。

　　其次，完善知识的创新体系，需要加强课程群的知识建构。"在知识经济时代，知识创新是技术创新的基础，是新技术和新发明的源泉，是促进科技发展、经济增长和社会进步的原动力。"② 深入研究课程群知识建构的规律，强化课程与课程之间的互联互通作用，能够扩大知识创新的源泉，分析知识建构的机制，进而综合利用不同课程来培养创造性人才。

　　再次，根据课程发展的阶段，需要关注课程群知识建构的研究。在课程关系演变的过程中，由不同课程组成的课程群经历了共存、竞争和协同的演变过程。在共存阶段，课程数量较少，课程资源比较丰富，课程之间还未出现竞争。当课程数量达到一定程度时，某门课程必然会与其他课程去争夺有限的资源。为了避免过度竞争，课程之间应该强调互补，形成协同关系，共同利用教学资源。

　　最后，凸显学校的特色优势，需要促进课程群的交叉结合。特色是学校生存发展的重中之重。早在 2004 年，剑桥大学前校长艾莉森·F. 理查德就在演讲中指出，"每一所大学都应有自己的特色，不是所有大学都该变成一流大学，不同的大学有不同的功能，国家需要某些世界知名大学，绝不需要所有大学都变成有名的大学"③。

---

① 王梅：《基于生态原理的学科协同进化研究》，博士学位论文，天津大学，2006 年。

② 同上。

③ 何龙群：《科学发展观与民族院校的发展》，《高教论坛》2005 年第 1 期。

对于学校来说，课程群的知识建构是课程关系的具体反映，可以体现不同课程的相互关系。探讨课程群的知识建构规律，可以为学校综合不同课程的优势提供指导，能够为学校培育创新型课程提供参考，有利于学校在已有课程基础上构建特色鲜明的课程群。

第二节　课程群知识建构研究的价值阐释

开展课程群知识建构研究可以深化人们对课程群规律的认识，能够引发人们更多关注课程群问题，可以为人们改造课程群提供决策参考，通过协同创新促进课程水平的整体提高。

为此，课程群知识建构研究应该坚持理论与实践相统一。离开了理论支撑，课程群知识建构研究只能停留在表面；缺乏了具体实践，课程群知识建构研究无法针对现实问题。将课程群知识建构问题具体到交叉融合的特定背景下，体现在协同进化的重要方式上，有助于让研究抛却空洞的理论性讨论，而转换为面向现实的理论构建和实践应用。

第三节　课程群知识建构研究的现状反思

在剖析课程群知识建构研究的价值后，基本上确定了研究目标和研究方向，那么接下来对已有研究进行分析、理解，可以为即将开展的研究提供有力支持。为此，需要在文献梳理的基础上，分析课程群知识建构研究的已有成果、主要观点、分析视角和研究动向，引导研究面向实际问题，不断提高研究的针对性、时效性。具体说来，需要运用文献分析方法，考察国内外课程群知识建构研究的现状，分析课程群知识建构的研究重点，反思课程群知识建构研究的不足，提出课程群知识建构的分析框架。

一 国外研究状况：以生态理论为基础，分析课程的影响因素

在国外，课程群知识建构并未作为单独问题进行研究，但许多学者在研究课程问题时，将生态理论和课程联系起来，构建生态课程理论，开展生态课程的教学实践。其中蕴含着丰富的课程群知识建构思想。

19世纪后期，德国教育学者Herbat的追随者提出了学科关联的理念，或可称之为"学习的统整"（integration of studies）。"几乎每个人都有机会去回顾自己的学校生活，并思考在学校中积累了哪些知识，——然而这些知识竟是如此孤立，无法与其他经验联系起来。因此，在真实的生活情境中也无用武之地。"① 19世纪中期，唯科学至上思想采取与自然对立的态度，导致生态不断恶化。面对此种状况，后现代主义者卡普拉（Capra）提出生态课程观，以促进人类和谐。"卡普拉于1982年出版《转折点：科学、社会和新文化》，指出唯科学的理论和方法会导致人性的毁灭，呼吁人们采取科学与人类精神相结合的后世界观，将人类的生活世界看成一个相互依存的整体，用生态学的世界观看待世界和设计课程。"② 部分课程论者支持卡普拉的思想，并从不同视角建构注重互相依存的整体性生态课程观。"D. R. 格里芬提出'神圣的联系'（1990）、D. 奥尔（D. Orr, 1992）提出'生态，脱盲'、J. P. 米勒（J. P. Miller）提出'整体性课程'、D. 奥里佛（D. Oliver）和K. 杰士曼（K. Gershman）提出'相关多元性的统一'等。"③ 此后，后现代课程学者威廉·多尔（William Doll）认为："我们的文化是一种后现代主义的文化，我们

---

① Dewey, John, *Experience and Education*. Bloomington, IN：Kappa Delta Pi, 1938, p. 48.

② 李臣之：《后现代主义课程理论试探》，《教育科学》1999年第1期。

③ 同上。

的教育系统包括课程与教学是现代主义的。我们更需要的是一种与我们的后现代主义文化更契合的教育系统。在教学领域的混沌与教育/生态学领域的复杂理论新科学中，我们发现了一种崭新的教育愿景。"[1]

在理论层面，生态课程论学者普遍认为课程设计应该注重整体观和生态观，提出"课程的重点是学生的自我学习和自我发现，师生是合作的探究者与平等的对话者关系""课程实施注重知识与知识之间的联系，注重学习经验、自然界以及生活本身，强调课堂与社会密切相连，提倡到大自然中研究，联系社会，深入社会"。[2]

在实践层面，生态课程强调以学习者的经验、社会需要为核心，强调课程的综合和互通，以培养学生提出问题、分析问题和解决问题的能力。例如，日本开设了"综合学习时间"，只规定学习目标、课时，不规定统一的教学内容，而针对学生感兴趣的问题，展开体验性学习，以培养学生提出问题、分析问题和解决问题的能力。另外，如果过于强调课程的知识体系，忽视学生的生活经验，就会违背学生的认知规律，容易造成知识割裂。例如，为了纠正课程知识与儿童生活经验的分离，俄罗斯面向小学生开设综合课"周围世界"，包括自然知识、社会知识、历史初探和生活知识等教学内容。

由此可见，课程群理念在国外早已形成，即通常所看到的"integrated curriculum"或者"curriculum integration"。其根本思想是"把具有内在联系的不同学科、不同领域的内容或问题统整成一门新的学科。其内容不仅仅在形式上表现为两门以上学科的交融，而且表现为构成综合课程的内容具有复杂的综合性，具有培养学生综合解决问题能力的功能"[3]。课程群重视相关课程之间的交叉，追求跨学科之间的融合，使得教学内容更具整体性和综合性。例如，包括麻省理工学院在内的许多高校都以某一课题为基础强化不同课程的

---

① [美]威廉·多尔：《后现代课程观》，王红宇译，教育科学出版社2000年版，第15页。
② 付八军、冯晓玲：《高校课程群建设：热潮还是趋势》，《江苏高教》2007年第4期。
③ 韩雪：《课程整合的理论基础与模式述评》，《比较教育研究》2002年第4期。

整合，并在实际的教学实践中取得了成功。

从国外的研究状况来看，生态理论能够用来解释课程系统的复杂关系。生态理论逐渐应用在课程活动的诸多方面，对课程的解释力也不断得到证实。因此，将生态理论应用于课程群的研究中是可行的，但目前研究并未将其系统地应用到课程群的理论研究中。

二 国内研究状况：过于注重实践经验，理论研究有待加强

运用内容分析方法，在维普数据库中以"课程群"为关键词进行搜索。可以发现，在维普数据库中以主题为"课程群知识建构"的论文较少。从研究现状看，目前的课程群知识建构研究侧重于在微观角度描述具体课程群的建设经验，或者在宏观角度阐释课程群知识建构的总体状况。

课程群知识建构研究的视角较为单一，可以归纳为四个方面。第一，阐述某些具体课程群如何建设的问题，针对性较强，如《关于广电新闻采写课程群教学改革思考》《数据管理课程群的构建和实施方案研究》等论文。第二，综合不同高校课程群的实践状况，分析课程群实践的具体问题，并提出解决问题的对策，如《高师院校课程群建设的原则和策略》《高校课程群建设研究——以马克思主义理论延伸课为例》等论文。第三，结合不同高校自身特点，介绍高校课程群建设的经验，如《基于工程教育理念的结构工程课程群建设研究》《课程群建设中课程内容的融合——以金融核心课程群为例》等论文。第四，阐述课程群的相关理论问题，涉及概念内涵、结构布局和资源配置等，如《对高校课程群建设中课程内容融合与分解的探讨》《课程群建设：高校课程教学改革的路径选择》《高职教育改革中生产性实训与课程群联动关系构建研究》等论文。

（一）课程群的基础理论研究

课程群建设应该从 21 世纪学生应具备的知识结构、能力结构和素质要求出发。为此，吴开亮认为以学科主干课程为主体，理顺与主干课程相关联的课程的横向和纵向两个方面的关系（横向指学科专业设置所构成的课程结构；纵向指课程本身所包含的内容体系），集中力量对课程结构、课程内容、课程教学手段和教学方法等方面分步骤、有计划地进行改革创新和建设[①]。

李晏墅等认为，教育目标、课程发展、师资队伍、课程教学和教学评估均属于营销类课程关键性维度，是互为补充、互为发展的体系，共同构造了学生的认知结构重组与更新的学习环境。这五个维度在课程创新思路的统领下形成各自的运行模式，即教育目标模式、课程发展模式、师资队伍模式、课程教学模式和教学评估模式，共同服务于课程创新思路，形成了"基于建构主义的营销类课程群创新模型"[②]。

课程群是高师院校课程建设改革的重要趋势。其中，李慧仙探讨了我国高校课程群知识建构的主体、客体和重心，并试图建立包含评审指标和评审程序的课程群评审体系[③]。陆为群认为课程群是顺应基础教育改革形势和高师院校内部规律的必然要求，论述了高师院校课程群知识建构的原则和策略等问题[④]。

对于课程群建设的价值，付八军等认为当前在高校专业、学科以及院系壁垒森严的条件下，无论哪种类型的课程群，都可以从中发掘出重要意义。但是，从应然层面来分析，这种热火朝天的课程群，似乎不应该成为一种发展趋势[⑤]。对于此种情况，龙春阳在分析了课程群的主要背景和意义的基础上，提出了课程群应遵循的基本原则，

---

①　吴开亮：《关于高师院校课程群建设的探讨》，《江苏高教》1999 年第 6 期。

②　李晏墅、李金生：《营销类课程群创新模型的构建》，《江苏高教》2005 年第 4 期。

③　李慧仙：《论高校课程群建设》，《江苏高教》2006 年第 6 期。

④　陆为群：《高师院校课程群建设的原则和策略》，《黑龙江高教研究》2007 年第 11 期。

⑤　付八军、冯晓玲：《高校课程群建设：热潮还是趋势》，《江苏高教》2007 年第 4 期。

探讨了推进课程群建设的基本策略。[①]

为了科学地实施课程建设，人们需要深刻理解课程群知识建构对课程建设的作用和意义。郭必裕以课程群内涵分析为切入口，以课程群构成的学科内容为主线，通过课程群中的课程内容的变化，揭示课程建设中的融合与分解规律。[②] 郭必裕对比分析课程群与课程体系建设，指出课程群在建设目标、建设重点和实施效果等方面的特殊性，提出课程群应定位于课程体系建设的本土化和课程建设的群落化上。[③]

建立课程群的目的是为了去除课程间重复的内容、提高课程实施效率。为此，谢文武等从不同角度分析了不同课程的教学内容的融合与更新；并重点以金融学的核心课程群为例，阐述如何结合金融专业的特点，从实践教学的角度来对课程的教学内容进行融合。[④]

台湾师范大学单文经博士认为：尽管两岸课程改革的做法不尽相同，但是基本的构想则十分相近：以学生为主体、以生活经验为中心，试图以统整的方式，将过去零碎散乱的课程，做一番重新组织，以便达成培养"带着走的能力"之新世纪教育目标。"课程统整"的理念和做法，受到两岸教育界人士的重视。[⑤] "课程统整（curriculum integration）是一种课程设计，乃是在不受制于学科界限的情况下，由教育者和年轻人合作认定重要的问题和议题，进而围绕着这些主题来形成课程组织，以增强人和社会统整的可能性。"[⑥]

---

① 龙春阳：《课程群建设：高校课程教学改革的路径选择》，《现代教育科学》2010年第2期。

② 郭必裕：《对高校课程群建设中课程内容融合与分解的探讨》，《现代教育科学》2005年第2期。

③ 郭必裕：《课程群建设与课程体系建设的对比分析》，《现代教育科学》2005年第4期。

④ 谢文武、韩瑾：《课程群建设中课程内容的融合——以金融核心课程群为例》，《高等工程教育研究》2010年增刊。

⑤ [美]詹姆斯·比恩：《课程统整》，单文经等译，华东师范大学出版社2003年版，译者序，第2页。

⑥ 同上书，导论，第3页。

（二）高校的课程群知识建构研究

面对工商管理专业学生培养面临的问题，张正堂提出应当根据社会背景和企业管理的变化，对其培养目标作重新定位，并通过专业的课程群改革来切实地实现工商管理专业的培养目标。①

在航空航天专业的课程改革中，刘思峰等分析了南京航空航天大学把定量方法（模型、预测、决策）课程群列为重点建设的精品课程群；并提出加强课程群中相关的不确定信息处理、有限知识和有限理性等定量方法的教学和研究工作；形成基础层扎实、主导层过硬、目标层清晰的教学内容和课程群体系，注重实效、强化精品课程群的教学内容体系和教学手段改革。② 蒋持平等介绍北京航空航天大学国家级精品课程定位的基础力学实验教学的改革，形成了以课程群为整体规划的三层次实验教学体系（基础实验、综合研究型实验与学生自主创新实验）。③

为促进地理科学（师范类）专业培养目标的调整和地理师范学生实际教学能力提升以及地理教师终身教育的需要，李晴指出在教学内容改革中，应加强理论性、地理性和实用性；在更新教学理念中，应积极探索教学模式、方法和手段的改革；在改革教学评估体系中，应注重发展性、过程性和激励性评价，促进地理教师专业化发展。④

在体育专业的课程改革中，杨继美等运用问卷调查和专题研讨的形式，针对现代体操运动的发展与体育教育专业课程改革的需要，对体操课程群的内容、开设的时序、课程性质与权重等进行系统的

---

① 张正堂：《工商管理专业的发展定位与课程群改革》，《黑龙江高教研究》2004 年第 3 期。

② 刘思峰等：《定量方法（模型、预测、决策）精品课程群教学改革探索》，《黑龙江高教研究》2005 年第 12 期。

③ 蒋持平等：《基础力学课程群实验教学改革的初步探索》，《力学与实践》2007 年第 6 期。

④ 李晴：《地理学科教学论课程群建设的实践探索》，《辽宁师范大学学报》（自然科学版）2006 年第 3 期。

规划与设置。①

在文艺学专业的改革中，蔡梅娟认为文艺学课程群的教法改革应该从四个方面入手：一是对教材进行创造性把握；二是对外来知识进行本土化阐释；三是把感性知识有效地介入理论传授中；四是构建科学有效的能力训练体系。②

学科教学论课程群知识建构是高师院校课程建设改革的重要趋势，更是顺应基础教育改革形势和高师院校内部规律的必然要求。针对这个问题，朱汝葵以化学教学论课程为例，分析了学科教学论课程群的特点，论述了课程群知识建构的背景、思路等。③ 岳琳注重研究不同课程在广电新闻采写课程群大框架下的功能、角色、地位及相互之间的关系，将零散的各课程自身的体系结构统一成相互联系的课程群有机体系结构，跳出单一课程体系改革模式的局限，试图建立一种综合、有机联系和高效的广电新闻采写课程体系。④

在计算机专业的课程改革中，李冬等根据网络技术及工程课程群的实践，提出了课程群的基本思路、主要实施步骤，通过课程群知识建构前后的比较，指出课程群优势及问题之所在。⑤ 王勇等重点探讨了计算机网络技术在高等教育中的地位，通过对计算机网络的相关基础知识进行整合，并在该校参与建设的工作人员的努力下，合理地规划与建设网络课程群。⑥ 乔德军等分析了高校 Java 人才培养、企业 Java 软件工程师知识结构和能力的需求模型、工程

① 杨继美、李贵庆、钟明宝：《体育教育专业"体操课程群"的建设构思》，《山东体育学院学报》2006 年第 6 期。

② 蔡梅娟：《文艺学课程群教法改革新探》，《中国大学教学》2008 年第 10 期。

③ 朱汝葵：《新课程背景下高师化学教学论课程群建设的构想》，《全球教育展望》2009 年第 9 期。

④ 岳琳：《关于广电新闻采写课程群教学改革思考》，《新闻知识》2010 年第 12 期。

⑤ 李冬、杨文安等：《网络技术及工程课程群建设改革与探索》，《职业技术教育》（教科版）2002 年第 31 期。

⑥ 王勇、方娟等：《计算机网络课程群的规划与建设》，《计算机教育》2010 年第 2 期。

型教师队伍建设等问题，对 Java 相关课程的关键点和能力培养进行整体的设计、整合和优化，建设面向 Java 软件工程师的课程群，以提高学生的就业竞争力。[①] 王宁等提出数据管理课程群的构建方法，并针对"数据库系统概论"课程，按照科学型、工程型、应用型三类人才培养的需要，分别提出三种不同的教学实施方案，并比较了它们的异同。[②] 毛国君等介绍了北京工业大学在计算机系统结构课程群教学实践中构建的"1＋2＋3"模式，并总结了相关的教学规划以及课程建设等情况。[③]

在英语专业的课程改革中，方芳等从英语专业毕业生应具备的能力素质入手，提出"以输出驱动输入"建设英语专业课程群的构想，区分了"组间课程群"和"组内课程群"两个概念，认为输出驱动的群组化课程能打破课程之间互不关联的格局，平衡输入输出课程课时分配，使学生应用能力渐次达到大纲的要求。[④]

在国际贸易专业的课程改革中，张晓辉等以国际贸易专业学生作为授课对象，分析了《国际商法》课程在国际贸易专业课程群中的定位，在此基础上，探讨了国际贸易专业"国际商法"课程的教学内容和案例教学法。[⑤]

（三）高职的课程群知识建构研究

课程之间的组合优化，成为高职院校课程群建设的重要方式。关叶青等针对定量方法相关课程内容和特点，结合所在学院定量方

---

① 乔德军、张延军、赵培华：《面向 Java 软件工程师的课程群建设研究》，《中国成人教育》2009 年第 12 期。

② 王宁、王珊：《数据管理课程群的构建和实施方案研究》，《中国大学教学》2010 年第 6 期。

③ 毛国君、方娟等：《计算机系统结构课程群的"1＋2＋3"模式及其应用》，《中国大学教学》2008 年第 9 期。

④ 方芳、夏蓓洁：《能力本位、输出驱动与英语专业课程群建设》，《山东外语教学》2010 年第 3 期。

⑤ 张晓辉、蒋文杰：《"国际商法"课程在国际贸易专业课程群中的定位及其教学》，《高等工程教育研究》2010 年增刊。

法（模型、预测、决策）精品课程群的建设实践，分析了在定量方法课程体系中创新能力的内涵和培养条件，并对课程教学内容体系改革和教学模式改革提出了新的思考。[①] 在电子信息工程专业的课程改革中，覃焕昌等提出将相关课程分为基础类课程、计算机技术类课程、电子技术类课程进行群化建设；针对学生的实际需求，将学生的各种能力培养完全融于课程群的建设之中，从而实现专业培养目标。[②]

在工科类院校机械设计制造及其自动化专业建设中，吴松林提出突出人才培养整体性、针对性和适应性的专业实践教学体系，通过整合、优化，形成专业课程群，并做好课程体系开发、课程建设、教材建设和专业研究等工作。[③] 何秋梅等在机械制造基础技术课程群重构过程中，以培养图纸识读、造型与测绘能力为主线，优化《机械零部件造型与测绘》课程；以培养机械综合分析应用能力为主线，优化《机械分析与应用》课程，并以大型综合项目将所学知识和技能统整起来。[④]

课程群应体现基础教育和专业教育并重、专业素质教育和科学精神教育并重的原则。在高职动漫课程的教学过程中，陈丽婷等根据 CDIO 工程教育理念提出了适用于动漫专业的 CDIO 课程体系模型和"项目为载体，技能训练为主体"的教学理念，并分析项目化课程教学的各个环节、保障措施。[⑤] 齐宏伟等构建了土木工程专业结构

---

① 关叶青、刘思峰、方志耕：《基于创新能力培养的定量方法课程群建设实践》，《辽宁教育研究》2006 年第 9 期。

② 覃焕昌、潘大胜、颜锦：《新建本科院校电子信息工程专业课程群化建设研究与实践》，《教育与职业》2009 年第 11 期。

③ 吴松林：《机械设计制造及其自动化专业课程群建设》，《职业技术教育》2009 年第 26 期。

④ 何秋梅、何良胜：《以能力为本位构建高职机械制造专业技术基础课程群》，《职业技术教育》2010 年第 17 期。

⑤ 陈丽婷、许倩倩：《CDIO 工程教育模式在职业教育课程体系中的应用——以动漫专业课程群改革为例》，《职教论坛》2010 年第 23 期。

工程课程群教学框架，并提出建立结构整体设计概念的综合设计性课程设计模式。①

　　基于课程群思想的高职教学改革已经开展。廖风华认为目前高职室内设计教育与社会岗位需求之间存在一定差距，充分重视装饰技术类课程群作用并进行适当整合对于高职室内设计教育十分重要。② 王奇杰认为工科院校《高级财务会计》精品课程建设在整个会计学专业精品课程群中具有十分重要的地位；通过分析该精品课程建设中教学创新的主要内容，提出了教学创新的主要对策。③

　　社会需要成为课程群建设的导向。许中明等根据企业的实际工作过程和岗位要求，将机械制图、机械设计基础、金工实习、机械制造基础、公差与技术测量五门专业基础课程整合成紧密联系的课程群，并采用能力本位的模式对课程群的实践和理论教学体系进行重构④。张家爱等针对如何培养社会所需的复合型高素质人才的当前高等教育改革所关注的重点问题，从数据库课程群的建设实践出发，提出了培养学生创新意识、提高自主创新能力的模型。⑤ 陆云帆等指出生产性实训与课程群之间的联动关系能提高生产性实训的效果，提高高职人才的培养质量和教育效果。⑥

　　生态理论成为高职课程群建设的重要方法。徐晓燕等用生态学理论和方法分析高等职业教育园林工程技术专业课程群和教育环境之间的关系以及课程相互之间的关系，用后现代主义的观点讨论了

---

　　① 齐宏伟、张瑞红：《基于工程教育理念的结构工程课程群建设研究》，《教育与职业》2011 年第 6 期。

　　② 廖风华：《高职装饰技术类课程群改革刍议》，《装饰》2009 年第 8 期。

　　③ 王奇杰：《〈高级财务会计〉精品课程教学创新研究——基于工科院校会计学专业精品课程群建设视角》，《会计之友》2010 年第 12 期。

　　④ 许中明、罗勇武：《以能力为本位构建高职机械专业基础课程群教学体系》，《职教论坛》2010 年第 3 期。

　　⑤ 张家爱、许薇等：《新形式下陀螺式数据库专业课程群的建设与探讨》，《煤炭技术》2010 年第 11 期。

　　⑥ 陆云帆、蒋方纯：《高职教育改革中生产性实训与课程群建设联动关系构建研究》，《教育与职业》2011 年第 5 期。

园林工程技术专业的课程建设，揭示了园林工程技术专业课程群之间的动态关系。①

（四）课程群带动人制度研究

构建新型的教学基层组织，有利于交叉、融合和专业课程的建设和提高。例如，苏州大学对核心课程群的负责人和教学人员提出较高的要求：具有教授职称、有较高的科研水平、丰富的教学经验和较强的课程管理能力的人才可以担任核心课程群建设的负责人。②在课程群建设中，教师队伍建设成为重要支持。其中，张月玲等提出按照自愿性、自然性、结构性、责任性等原则组建教学团队，以提高教学质量为目标，规划团队建设，进行教学改革，追求师德表率、教学科研成果卓著、学生多层次能力提高等辐射效应。③

在此背景下，课程群带头人引起人们重视。潘菊素等提出基于课程群负责人制的新型的教学基层组织形式。④ 俞建伟以宁波大学的相关实践为例，说明通过推行专业与课程群负责人制，并与岗位聘任及岗位考核相结合，使行政权力与学术权力得到统一，有利于教学建设与教学质量提高。⑤

其中，常州机电职业技术学院电气工程系不仅建设了课程群带头人，而且邀请他们对照各专业培养方案，对课程群目录作修订⑥。其课程群带头人有专门的聘任岗位，引领相关课程的教师以课程群

---

① 徐晓燕、何应森、高晓玲：《园林工程技术专业课程群建设的生态分析——以四川省区域环境为例》，《广东农业科学》2011 年第 3 期。

② 陈树荣、耿新芳：《苏大率先构建"三位一体"核心课程群体系》，http：//www. people. com. cn/GB/paper39/9384/869439. html。

③ 张月玲、韩沚清等：《"大财务会计"课程群教学团队建设研究》，《会计之友》2009 年第 9 期。

④ 潘菊素、陶燕丽：《基于课程群负责人制的教学基层组织的构建及其运行机制设计》，《辽宁教育研究》2003 年第 10 期。

⑤ 俞建伟：《高校教学科研基层组织改革与专业课程群负责人制的探索》，《高教探索》2007 年第 5 期。

⑥ 《专业与课程群信息收集会议通知》，http：//www. czmec. cn/s/36/t/198/2c/c0/info11456. htm。

的方式开展教研活动，如表3-1所示。

表3-1 常州机电职业技术学院电气工程系课程群带头人的情况

姓名	聘任岗位	相关课程
赵红顺	电气控制课程群带头人	电气控制技术 电气控制与 PLC PLC 技术 电气实习 电气控制与 PLC 实习 PLC 实习 可编程控制器应用技术
章彬宏	EDA 技术课程群带头人	EDA 实习 电子 CAD 电子设计自动化技术
钱金法	电子工艺课程群带头人	电子工艺学 电子产品生产工艺与管理 电子实习
陶国正	微控课程群带头人	单片机与接口应用技术 单片机应用技术与 C 语言程序设计
仇超	电工基础课程群负责人	电工基础 电工技术 电工学与工业电子学 电工实习 维修电工（中级）考证集训
陆志全	变流技术课程群负责人	现代电力电子技术 变频技术 电力电子与变频技术 电力电子应用技术 运动控制技术
莫莉萍	电机课程群负责人	电机及拖动基础 电机及电气控制 控制电机 电机实习 电机及电气控制实习 微特电机 电机制造工艺与装备 电机试验 电机控制

续表

姓名	聘任岗位	相关课程
徐文媛	电器基础课程群负责人	电器 CAD 智能电器 高低压电器
于小喜	供电课程群负责人	工厂供电 建筑供配电 供电技术 机电产品市场营销 电能计算
朱小刚	电子基础课程群负责人	模拟电子技术 数字电子技术 电子实习 数电课程设计 开关电源技术 电子整机装配实训
苏伯贤	家电维修课程群负责人	电视机原理与维修 制冷设备与维修技术 家电维修实习
乔宏哲	电子通信课程群负责人	通信原理 A RFID 技术与应用 通信工程管理 视频监控系统原理及维护 电子系统设计 移动电话检测与维修 智能卡技术 程控交换技术与设备 通信编程基础
颜云华	自动检测课程群负责人	自动检测与转换技术 传感器及其应用 电子仪器与测量技术 自动检测技术
杨琳	自动控制课程群负责人	自动控制原理与系统 自动控制系统实习 机器人技术
王琳	专业英语课程群负责人	电子与通信专业英语 电气自动化专业英语

续表

姓名	聘任岗位	相关课程
赵文兵	过程控制课程群负责人	过程控制技术 工业控制网络技术 工业组态控制技术 组态控制实训 现场总线技术 伺服系统与数据编程 自动仪表与过程控制 工业网络与组态控制技术 实用接口技术 网络攻防技术与实践 组态及总线控制技术
王诗军	楼宇控制技术课程群负责人	楼宇智能化技术 楼宇智能化技术实习 综合布线 综合布线实习 电梯结构与维修 制冷设备与维修 物业管理 建筑设备概论 安装工程定额与预算 安全防范系统工程
陈志文	电网类课程群负责人	配电网自动化 电力系统运动技术 供配电技术 电力电器技术 电力电器安全规范 电力电器测试技术 内外线电工 高电压技术

　　概括而言，目前我国的课程群知识建构研究侧重于实践基础上的经验总结，研究的理论深度不够，研究结论缺乏实证基础。由此可见，目前课程群知识建构的理论体系尚未确立起来。例如，"在人们运用不同的表述方式来界定课程群的各种定义中，除了课程群的规模和性质的两个基本特征外，再也难以找到更具体的有操作价值的因素。虽然有人试图从建设目标、开设对象等方面来限定课程群的内涵，但是，我们没有理由否定有别于这些限定的课程集合不是课

程群"。①

究其原因，人们较多关注课程群知识建构实践的具体现象，而忽略了解决实践问题所亟须的指导理论。例如，"在课程群建设纳入到某所高校乃至政府部门的规划和资助轨道，教师们踊跃组合与申报课程群的今天，对于'哪些是课程群，哪些不是课程群'这一个最基本的问题却成为课程群评审的技术难题"。② 所以，当前特别需要从学术角度深化课程群知识建构的理论研究，以便更好地指导课程群知识建构的实践活动。

第四节　课程群知识建构研究的深化拓展

"想透过繁复的表象看出不同事物的共同本质，思维的抽象性增强了，研究的难度也会加大。这就需要强有力的理论工具来加以支持。"③ 课程群知识建构研究在总体上可以采用理论研究与实证分析相结合的方式，运用多学科交叉的研究方法，定性分析与定量分析相结合，既强调理论架构与观念创新，又结合现实问题进行现状分析与对策研究。

一　概念界定：构建课程群知识建构的话语体系

一切理论研究都建立在概念的基础上，课程群知识建构研究也不例外。课程群知识建构是由若干课程通过非线性相互作用，组成的复杂的课程教学实践系统。

为此，可以采用类比分析、系统分析等方法，根据生态群理论和系统理论等相关基础理论，分析课程群系统的特征，提出课程群

---

① 付八军、冯晓玲：《高校课程群建设：热潮还是趋势》，《江苏高教》2007 年第 4 期。
② 同上。
③ 张舒予：《视觉文化研究与教育技术创新》，《中国电化教育》2006 年第 4 期。

系统的概念。具体说来，是以协同进化理论分析课程群系统的要素构成，提出课程群、课程群落等概念，[①] 不断构建课程群知识建构的话语体系，为深入开展理论研究和实践应用奠定基础。

二　理论建构：阐释课程群知识建构的规律

"大家一窝蜂地搞课程群建设，容易出现投机的'强强联合'、'强行联系'。事实上，谁也拿不出某种课程群最佳的课程组合模型，谁都有理由表明自己的课程组合是最优秀的。从而出现'大杂烩'、'拼盘'式的课程组合，并且难以直接甄别。"[②] 为此，课程群知识建构研究需要剖析课程群在本体层面的协同进化规律，并以此为参照，探讨课程群如何在显性社会层面实现协同进化。其中，课程群隐性的本体层面指作为反映知识系统的课程群之间的相互协同。课程群显性的社会层面指教师等实践主体获取和应用课程资源的状况。

本书以课程群演化为线索，回顾课程群产生、协同和发展的演变过程，为理论研究提供感性上的认识。在此基础上，从课程内和课程间两方面指出课程内协同进化的主要方式是自组织，而课程之间协同进化的主要方式是竞争与互补[③]。

三　实施策略：提出课程群知识建构的对策建议

在特定的社会环境中，人们会受到教育文化以及教学习惯等因素的制约。人们在应用课程群开展教学时，在具体层面如何实施成为需要关注的问题。

---

① 王梅：《基于生态原理的学科协同进化研究》，博士学位论文，天津大学，2006 年。

② 付八军、冯晓玲：《高校课程群建设：热潮还是趋势》，《江苏高教》2007 年第 4 期。

③ 王梅：《基于生态原理的学科协同进化研究》，博士学位论文，天津大学，2006 年。

因此，可以根据课程群知识建构的类型，从教学设计的角度分析课程群的知识建构研究问题，以便更加深入地理解课程群的教学过程。具体说来，根据教学设计的基本原理和主要流程，探讨在教学活动中课程群的实施策略。

四　面对现状：进行课程群知识建构的案例研究

"没有理论的事实是模糊的，没有事实的理论是空洞的。"① 课程群知识建构研究不仅需要事实予以确定，还需要案例予以明晰。

为此，需要结合统计资料和实际调研的数据，分析课程群知识建构现状；并访谈课程研究专家、教学管理人员，获得理性指导和深度分析，开展课程群知识建构问题的应用研究。在此基础上，深入分析课程群知识建构的现状和问题，提出针对性的对策与建议。

---

① ［德］格罗塞：《艺术的起源》，蔡慕晖译，商务印书馆 1984 年版，第 2 页。

第二部分
课程群知识建构的理论分析

第四章　应用复杂科学分析课程问题的现状与反思[*]

以教育类核心期刊中发表的应用复杂科学的论文作为分析对象，发现应用复杂科学分析课程时还存在研究问题的针对性不足、质性研究和量化研究较少、跨学科和跨学校的协同研究亟待加强、停留于复杂科学理论的语言方式而缺乏深入的系统分析、孤立地应用复杂科学而忽略了课程问题的影响因素等问题。复杂科学在课程改革等方面具有应用价值，可以成为在跨课程教学等方面有益的研究视角。

第一节　应用复杂科学分析课程问题的价值

鉴于以分解、还原和抽象为原则的简单化方法在人们思想中的盛行，20 世纪 80 年代的法国哲学家埃德加·莫兰提出复杂科学以求改革思想方式。复杂科学反对用形而上学的还原论、局部性、静止的观点看待世界，提倡以开放、动态、非线性以及自组织等观点分析事物。它研究自然、社会的复杂性及复杂系统，并揭示其发展演变规律，被誉为"21 世纪的科学"。复杂科学强调"人们根据复杂

＊ 本章主要内容发表在《黑龙江高教研究》2015 年第 11 期。

系统的性质、特点、规律去认识和研究复杂系统的方法和手段的总和，是一种支配人们思考与行动的思维规范、风格和格式"①。它日益成为重要的理论工具，作为思维方式和研究范式渗透到人文社会科学领域。

针对多样的课程现象和丰富的课程活动，人们提出将复杂科学的原理和方法引入课程研究中，以理解教学系统及其复杂性；或基于复杂科学的理论视角反思传统课程的理论和实践，或利用复杂科学的基本原理分析具体课程领域的发展问题。复杂科学在课程研究中的应用要在深度解读复杂理论的基础上，反思传统的、历史的课程实践活动，并提出优化建议。

首先，复杂科学有利于人们加深认识课程的复杂本质。以往课程研究认同课程的复杂性，是因为看到了课程现象纷繁，深感在一定条件下某些课程问题的无解与无奈。② 但对较多研究者而言，课程的复杂性依然是模糊的概念，课程系统的基本原理和机制依然是个"黑箱"。目前课程研究者借鉴复杂科学的研究成果，反思了传统课程理论与实践的问题，关注课程的复杂性问题。

其次，复杂科学为课程研究提供了新的分析框架。随着课程规模的扩张和功能的拓展，课程规律越来越复杂和隐蔽，纯粹思辨和经验判断已经难以及时、准确地把握和揭示。课程研究者吸收复杂科学的研究成果，形成以复杂科学为基础的新认识论：不再以线性思维仅仅陈述各个基本元素（或部分）的关联，更加注重探求课程因素之间联系及相互影响的作用机制，为揭示复杂的课程系统提供了分析框架。

最后，复杂科学为课程研究提供了跨学科的方法指导。应用复杂科学分析课程问题不仅注重多种学科的理论分析，更强调不同学科之间的联系协同和融会贯通。"因为教育实践活动与社会、经济、

---

① 秦书生：《复杂性技术观》，中国社会科学出版社 2004 年版，第 26 页。
② 时龙：《复杂系统研究的基本思想及教育反思》，《教育科学研究》2013 年第 7 期。

政治、文化等领域的实践活动密不可分，迄今已经聚集了一个庞大的'学科群'，才有众多的科学学科和人文学科参与到教育研究的行列中，形成了多学科研究教育的语境。"[1] 与传统方法论指导下的协作研究不同，复杂科学更强调各学科研究者之间在研究目的、研究方法、研究理论以及研究视角等方面的相互影响，可以为不同学科的教育研究者开展协作研究提供方法上的指导。

　　尽管复杂科学给课程研究提供新的研究视角，但如何发挥其更大作用，依然值得人们深思。那么，目前复杂科学在课程研究的应用现状如何，存在哪些需要注意的问题以及如何进一步应用复杂科学来推动课程改革呢？

第二节　应用复杂科学分析课程问题的研究设计

一　研究思路：量化分析＋理论研讨

　　通过梳理 2004—2013 年这十年间复杂科学在课程研究的应用状况，分析十年间我国课程在简单—复杂维度上的研究情况，探讨十年间课程研究的变化。借鉴文献计量学的研究成果和方法进行本书主题的研究，可以较为客观地判断不同时期研究者对应用复杂科学分析课程问题所持的见解或者所受影响的状况。

二　样本选取：CSSCI 检索源和中文核心期刊

　　以教育类 CSSCI 检索源和中文核心期刊作为检索对象，在中国知网期刊数据库中采用"复杂科学""复杂理论""复杂范式""复杂性"等关键词查找论文的标题和关键词，检索时间跨度为 2004—2013 年，获得样本共计 48 篇，如表 4-1 所示。当然，在非核心期

---

[1]　《教育研究》编辑部：《2013 中国教育研究前沿与热点问题年度报告》，《教育研究》2014 年第 2 期。

刊中依然刊登了不少应用复杂科学研究课程问题的论文，但主要考虑到保证样本的质量，检索范围仍然限定在 CSSCI 和中文核心来源期刊。研究样本尽管数量相对较少，但更具有代表性，反映出来的问题值得人们关注。

复杂科学在课程研究的应用范围非常广泛。从期刊上看，尽管有的期刊发表的论文较多，如《电化教育研究》和《教育发展研究》发表论文分别为 5 篇、4 篇；有的期刊发表的论文较少，如《中国大学教学》和《高等教育研究》发表的论文均为 1 篇；但 2004—2013 年的 10 年期间 24 种教育类核心期刊均有相关论文发表。这说明不同学科的期刊均注意到复杂科学在课程研究的应用价值。

复杂科学在课程研究的应用是持续的。从时间上，尽管有的年份发表的论文较多，如 2008 年和 2013 年发表的论文均为 8 篇；有的年份发表的论文较少，如 2010 年发表的论文为 1 篇；但 2004—2013 年的十年期间均有相关论文发表。这说明人们一直关注复杂科学在课程研究的应用。

三　研究方法：内容分析法

内容分析法是一种客观、系统和定量描述文献内容的研究方法。本书逐一阅读 48 篇论文，采用内容分析法梳理、统计其主要内容、研究视角、研究类型等，用频数和百分比来揭示复杂科学在课程研究中的应用现状。

第三节　应用复杂科学分析课程问题的特点

一　学科领域方面：教育学原理、课程技术学较多

绝大部分样本来自不同教育类专业的杂志，其作者也为不同专业的研究人员，研究选题自然有不同的学科归属。在研究领域的分

析中，笔者首先是对所有样本论文所属的研究领域进行逐一确定和编码，在此基础上再进行统计处理和分析。经过分析比较论文的内容，可以采用教育学二级学科（参考《学科分类与代码》GB/T13745—92）为分类依据。结合论文选题情况，48篇论文的学科领域归属情况如表4-1所示。

表4-1 应用复杂科学分析课程问题的学科领域（2004—2013年）

学科领域	篇数	百分比（%）
教育学原理	15	31.25
课程与教学论	7	14.58
教育史	0	0
比较教育学	1	2.08
学前教育学	2	4.17
高等教育学	4	8.33
成人教育学	1	2.08
职业技术教育学	3	6.25
特殊教育学	1	2.08
教育技术学	10	20.83
教育管理	4	8.33

从学科领域来看，教育学原理、教育技术学较多关注复杂科学的应用，相关论文占总数的一半以上。其中，教育学原理研究教育中的基本理论问题，探求教育的一般原理和规律。由于其具有更大包容性，所发论文篇数达到总数的1/3。在二级学科中，教育技术学领域的论文篇数最多。究其原因，作为交叉学科的教育技术学将系统理论作为重要的理论基础。复杂科学作为系统科学的最新研究成果，自然会受到教育技术学领域的关注、认可和接纳。

教育领域的其他学科较少关注复杂科学，尤其是教育史学科，目前没有发表相关的论文。难道是其他学科面临的问题不复杂？显然不是。因此，教育学原理、教育技术学等专业期刊上发表的相关论文还应该进一步加强，形成一定的辐射效应。

二 作者影响力分析方面：从拿来理论到转化应用

根据中国知网的引用查询，仅以单篇论文的被引次数为依据，被引次数达 10 次以上的论文及其作者，如表 4－2 所示。其中，范国睿的《复杂科学与教育组织管理研究》引用次数最多，2004—2013 年被引用 54 次。被引次数第二的论文作者陈一壮并非教育变革领域的学者。这说明其他领域学者注意到了课程领域的复杂问题。范国睿、覃泽宇、周志平等的论文具有相对较高的引用率，他们大多来自教育学原理、教育技术学两个学科。

表 4－2 应用复杂科学分析课程问题的文章被引次数排行

作者	文章题目	被引次数	排名
范国睿	《复杂科学与教育组织管理研究》	54	1
陈一壮	《埃德加·莫兰的"复杂方法"思想及其在教育领域内的体现》	45	2
覃泽宇	《复杂适应系统视域中的有效教学设计》	23	3
周志平	《复杂科学在教育研究中的方法论意义》	22	4
焦建利	《教育技术的复杂性与复杂的教育技术学——从复杂性科学角度看教育技术学研究》	16	5
岳欣云	《复杂思维视野下的课堂教学设计》	17	6
Brent Davis	《复杂理论与教育》	12	7
吴青	《基于复杂适应系统理论的校园生态系统建模的探讨》	17	8
陈列尊	《基于复杂适应性系统思维的教学系统设计》	10	9
冯永刚	《复杂科学视域下的德育评价》	10	10

"作者所引用的参考文献通常是其论文或著作所受影响的粗略而有效的指标，可作为作者基本观点的影响来源或立论依据的指标之一。"[①]从单篇文献被引次数来看，目前应用复杂科学分析课程问题已经摆

---

① 张斌贤、陈瑶等：《近三十年我国教育知识来源的变迁——基于〈教育研究〉杂志论文引文的研究》，《教育研究》2009 年第 4 期。

脱"拿来主义"的学习阶段。从引用文献并非集中在一两位作者或者一两篇论文的角度看,当前研究的信息来源相对宽泛,具有一定的扩大倾向。

三 论文合著方面:独著为主,协同研究仍待加强

研究者需要采用合作方式,开展复杂科学应用于课程的研究。根据论文作者的数量,本书将 48 篇论文分成了四类,如表 4 - 3 所示。其中,署名 1 名作者的论文最多,文章总数达 32 篇,占样本总量的66.67%;署名 2 名作者的论文次之,文章数量为 11 篇,占样本总量的 22.92%;署名 3 名作者的论文为 5 篇,占样本总量的 10.42%;署名 4 名作者以上的论文尚未出现。总体看来,独著的论文数量最多;2名和 3 名作者的论文数量均很少;4 名以上作者的论文尚未出现。

表 4 - 3 应用复杂科学分析课程问题的论文合著

合作人数	篇数	百分比(%)	单位署名的情况
1 名作者	32	66.67	署名 1 个单位的论文为 32 篇
2 名作者	11	22.92	署名 1 个单位的论文为 4 篇,署名 2 个单位的论文为 7 篇
3 名作者	5	10.42	署名 1 个单位的论文为 2 篇,署名 2 个单位的论文为 3 篇
4 名作者以上	0	0	

从署名单位的数量看,署名 1 个单位的论文较多,有 38 篇,占样本总数的 79.17%;署名 2 个单位的论文有 10 篇,占样本总数的20.83%;署名 3 个单位的论文尚未出现。其中,在 2 名作者和 3 名作者的论文中,单位署名为 1 个的居多。这说明即便有少量论文是 2名以上作者合作完成的,但也是同一单位科研人员进行的合作研究。由此可见,研究者多根据个人的兴趣开展应用复杂科学分析课程问题,跨学科、跨学校的协同研究尚待加强。

四 研究方法方面:以思辨研究为主

随着研究者对课程领域复杂问题的日益关注,应用复杂科学研

究课程问题的方法不断拓展。笔者将48篇论文的研究方法分成了四类,如表4-4所示。其中,使用最多的为思辨研究方法,文章总数达41篇,占样本总量的85.41%;其次为混合研究法,有3篇文章,占样本总量的6.25%;而使用量化研究方法和质性研究方法的文章数量均为2篇,均占样本总量的4.17%。可见,思辨研究的论文所占的比例较大;量化研究、质性研究和混合研究论文的数量均较少。

表4-4　　　　　应用复杂科学分析课程问题的研究方法

研究方法＼研究特点	特点	案例	篇数	百分比（％）
思辨研究	研究者根据复杂科学的基本原理,采用理论思辨、历史研究、经验总结等阐述对课程领域的认识或建议	基于复杂适应性系统思维的教学系统设计（陈列尊,2006）	41	85.41
量化研究	研究者根据复杂科学的基本原理,通过统计调查、实验法（含准实验）等,分析课程中可以量化的部分及其关系	我国高水平大学同质化问题的复杂网络分析（袁东,2013）	2	4.17
质性研究	研究者根据复杂科学理论,通过叙事研究、案例研究、田野调查等方法,获得深入、细致、长期的体验,来解释事物本质	对当前中小学课堂教学改革的反思:基于复杂、动态理念的视角（孙翠香,2009）	2	4.17
混合研究	研究者选择量化和质性两种方法,基于复杂科学开展课程研究	在线学习者异步交互的拓扑结构研究:一种基于复杂网络模型的分析（张超,2009）	3	6.25

在思辨研究中,研究者根据复杂科学的基本原理和方法原则,在宏观层面解读教育政策执行的不稳定性、不可预测性,[①] 关注多

---

① 蒋园园:《教育政策执行复杂性研究:复杂理论的视角》,《教育发展研究》2011年第7期。

元主体利益交织、多元学科视野、多中心自组织视角下的学校变革复杂性[①]等问题；在中观层面审视我国当下的高等教育理论、教育创新系统等理论；在微观层面思考课堂教学改进、德育评价方式和教学系统设计等问题。

五 研究思路方面：借鉴复杂科学理论，问题针对性有待提高

对于一篇学术论文而言，常规的论述框架为提出问题、分析问题和解决问题。在应用复杂科学探讨课程问题的规范研究中，应该包括研究问题的提出、相关的文献综述、提出复杂科学分析课程问题假设以及形成应复杂科学解决课程问题的结论等。根据此研究思路，本书对48个研究样本进行了统计，如表4－5所示。其中，有问题提出的论文有14篇，占29.17％；有文献综述的论文只有9篇，占18.75％；有研究假设的论文39篇，占81.25％；有研究结论的论文28篇，占58.33％。也是说，只有18.75％的论文做了与主要内容相关的"文献综述"，其他81.25％的论文较大篇幅介绍复杂科学，仅仅作为对复杂理论本身的科普。只有29.17％的论文提出了研究问题，而其他近70％的论文仅仅描述了研究对象，没有针对性地提出研究问题。

表4－5　　　　　应用复杂科学分析课程问题的研究思路

研究思路	具体内容	篇数	百分比（％）
有研究问题	明确提出所针对的课程问题	14	29.17
有文献综述	围绕此问题的相关研究	9	18.75
有研究假设	应用复杂科学是否能解决课程问题以及可能怎么样来解决课程问题	39	81.25
有研究结论	根据复杂科学，形成解决课程问题的方案	28	58.33

---

① 杨颖东：《学校变革的复杂性探析：复杂科学的视角》，《教育发展研究》2012年第4期。

国内复杂科学在课程研究中的应用在探讨复杂科学的原理时，大多直接引用物理学、系统科学等其他学科的专业术语和解释，让不具有相关学科背景的读者难以理解。不少研究者借鉴和保留复杂科学的基本原理，但尚未结合课程情境加以改造。多数时候，他们先论述复杂科学的组织、结构和效应，然后直接作为现成理论在课程研究中加以利用，由于缺乏问题的针对性，难以形成具有操作性、指导性的研究结论。这也表明课程研究者尽管已经利用复杂科学开展课程研究，但模仿的痕迹尚未完全消除，还需要根据研究问题进一步推陈出新，得出有效的研究结论。

六　主要内容方面：复杂科学的术语使用不均衡

从复杂科学的主要内容出发，本书将48篇论文样本所涉及的关键术语做了分类和统计，如表4－6所示。这些术语构成了应用复杂科学分析课程问题的独特方式。从使用频率的角度看，动态、开放、非线性三种术语的使用频率最高，均有超过75%的使用者；自组织和整体性的使用频率相对较低，约有50%的使用者。

表4－6　　　　应用复杂科学分析课程问题的主要内容

主要内容	篇数	百分比（%）
动态	39	81.25
开放	37	77.08
非线性	36	75.00
自组织	27	56.25
整体性	23	47.92

在应用复杂科学研究课程问题时，经常使用动态、开放、非线性等术语，而自组织、整体性等术语的使用则相对不多。研究者利用复杂科学分析课程问题时，如果缺乏一定的理论积淀，没有开展细致的研究设计和深入的理论分析，就有可能存在孤立化、机械化等倾向。因此，研究者不仅应该根据复杂科学尝试以思辨方式得出

研究成果，而且应该阐释课程系统的复杂结构，提高研究成果的实践价值和可操作性。

七　研究对象方面：以教学设计和教学管理居多，并不断扩大范围

根据应用复杂科学分析的课程对象，本书将 48 篇论文样本所涉及的主要内容做了分类和统计，如表 4 - 7 所示。从使用频率的角度，研究对象大体可以分为三类。第一类为使用频率最高的教学设计和教学管理，均占论文总数的 18.75%；第二类为使用频率中等的宏观教育、研究方法和学校课程，均占论文总数的 12.50%；第三类为使用频率较低的道德教育、教育政策、群体行为、数字资源开发和心理健康教育，均不高于 6.25%。

表 4 - 7　　　　应用复杂科学分析课程问题的研究对象

研究对象	篇数	百分比（%）
教学设计	9	18.75
教育管理	9	18.75
宏观教育	6	12.50
研究方法	6	12.50
学校课程	6	12.50
道德教育	3	6.25
教育政策	3	6.25
群体行为	3	6.25
数字资源开发	2	4.17
心理健康教育	1	2.08

目前的情况是，教育研究者了解复杂科学的基本原理后，能够将其应用在教学设计、教学理论和教育管理等自己熟悉的领域，而拓展到教育政策、教育改革和群体行为等领域还需要进一步融会贯通、厚积薄发。

八 研究视角的变化：从复杂科学到复杂系统

作为当代思想史上最先提出"复杂性研究"的人，莫兰思想的核心部分是所提出的"复杂方法""复杂思想"，或称"复杂范式"。① 由于不同学者翻译的差异，加之研究的视角不同，复杂科学在课程研究的应用中出现了不同的概念表述，如"复杂性研究""复杂理论研究""复杂思维研究""复杂系统研究""复杂范式研究"等。在48篇论文中，复杂科学、复杂理论和复杂系统使用的频率最高，总计达到了11次，如图4-1所示。

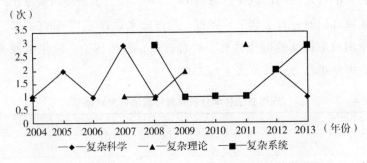

图4-1 应用复杂科学分析课程问题的概念表述使用情况

2008年前，课程研究较多采用"复杂科学"的概念表述。2008年后相关研究较多采用"复杂理论"和"复杂系统"。究其原因，初期的课程研究侧重从理念层次将复杂科学作为方法论来指导研究者摆脱传统简单主义倾向，关注课程活动中复杂问题。随着复杂科学的深入研究，研究者逐渐从关注宏观意义转向了指导实践的"复杂理论"、"复杂系统"。"复杂系统"概念表述逐渐增多，体现了基于复杂系统来探讨课程系统的基本特征和运行机制。

"复杂科学"的相关概念表述不仅具有时间上的特征，而且在研

---

① 陈一壮：《埃德加·莫兰的"复杂方法"思想及其在教育领域内的体现》，《教育科学》2004年第2期。

究选题方面也存在一定的特点。"复杂理论"和"复杂科学"多用于理论解读和实践反思类;"复杂范式"多用于探讨课程研究的范式和方法;"复杂思维"常见于教学设计、教学媒体开发、课程管理等具体研究;"复杂系统"常出现于课程体系的建构研究。

九 研究类型的构成:以理论建构类居多,并不断延伸

根据研究方法和研究主题,可以将 48 篇论文分为 4 种研究类型,如表 4-8 所示。其中,理论建构类研究的论文有 31 篇,占样本总数的 64.58%;管理评价类研究的论文只有 5 篇,占样本总数的 10.42%;设计方法类研究的论文有 8 篇,占样本总数的 16.67%;应用实践类的论文有 4 篇,占样本总数的 8.33%。可见,理论建构类研究所占总人数的比例较大;管理评价类、设计方法类和应用实践类论文的数量均很少。复杂科学在课程研究的应用中更倾向于做思辨研究,具体的实证研究较少。

表 4-8   应用复杂科学分析课程问题的研究类型构成情况

研究类型＼研究特点	特点说明	案例	篇数	百分比（%）
理论建构类	应用复杂科学,采用逻辑分析,描述和推导课程理论	基于复杂范式的学前课程抉择（杜燕红,2005）	31	64.58
管理评价类	根据复杂科学的原理,开展课程系统的管理和评估研究	复杂系统视域中的教育实习管理（杨光海,2009）	5	10.42
设计方法类	根据复杂科学的原理,设计开发教学资源或者构建教学活动的方法策略	复杂物理模型的网络虚拟实验系统的设计与开发（李凌云,2008）	8	16.67
应用实践类	根据复杂科学的原理,面向实际问题,开展实践研究	复杂系统创造理论下远程教育课程教学团队创造力提升初探（李广德,2013）	4	8.33

目前,我国应用复杂科学分析课程问题主要采用传统的文献梳

理和主观思辨方法，其中理论建构类研究占一大半。由于研究过程缺乏与课程实践的紧密联系，研究成果多使用定性分析进行描述，多限于理论层面的方法策略。例如，李玉芳认为以预设性和封闭性为特征的传统课堂教学评价，使课堂教学失去本真的意义和活力；为使教师和学生得到更好的发展，需要运用复杂性的思维方式来评价课堂。①

除了理论建构类研究，研究者还应用复杂理论开展应用实践类、管理评价类和设计方法类等研究。例如，研究人员利用物理模型、计算机模拟等方法分析复杂的课程活动，如基于复杂网络模型，分析在线学习者异步交互的拓扑结构②；利用调查问卷、定量分析研究分析教学复杂问题以及影响因素，如从复杂理论的视角，调查大学生性别角色情况及心理性别角色与学习风格、外语学习焦虑水平的关系。③

第四节　应用复杂科学分析课程问题的反思

一　如何发挥复杂科学在分析课程问题时的作用

一方面，丰富研究类型，不做"标签式"的文章。所分析的48篇论文均将复杂科学当作理论工具。其中，多数论文主标题或者副标题中含有"复杂科学""复杂理论""复杂思维"等相关术语，存在研究理论简单引用的现象。"作为一种成熟的学术研究，论文主标题应凸显研究对象或研究问题，而非研究方法本身。"④

---

① 李玉芳：《复杂思维视野下的课堂教学评价》，《当代教育科学》2008 年第 2 期。

② 张超、祝智庭：《在线学习者异步交互的拓扑结构研究——一种基于复杂网络模型的分析》，《电化教育研究》2009 年第 2 期。

③ 李茶：《复杂理论视域下的大学生性别角色及相关学习者因素调查》，《教育与职业》2013 年第 21 期。

④ 钟柏昌、李艺：《社会网络分析在教育研究领域的应用——基于教育类核心期刊刊文的评述》，《教育研究》2013 年第 9 期。

研究者应该根据产生的背景、发展的脉络和应用的价值来把握复杂科学的实质，在哲学视野中审视复杂科学在课程研究中应用的方式。研究者应该倾向于用"复杂模型""复杂网络"等复杂科学的具体方法来直指研究对象。在思辨研究丰富而实践研究薄弱的情况下，特别需要根据复杂科学的基本理论，开展深入的调查研究、严密的实验研究和高质量的设计研究，以推动课程研究的深化发展。

另一方面，拓展研究主题，关注课程问题的解决。应用复杂科学分析课程问题不能把课程系统看成是既定的，而应该阐释其发展的脉络和动因。为此，要将教师、学生等纳入进来，全面分析课程系统的变化趋势；把课程系统所植根的制度、政治和文化环境纳入进来，分析它们所引起课程系统的深刻变化；关注课程的真实问题，探讨课程问题的解决方案，形成复杂课程系统的管理与控制方法，以引导宏观的课程决策和具体的课程实践活动。

二　如何更好应用复杂科学分析课程问题

在国外，系统研究课程复杂性的专门学术组织已经成立。例如，作为独立的课程研究机构，美国的新英格兰复杂系统研究所（The New England Complex Systems Institute）采用跨学科的交流与合作方式，研究涵盖教育在内的社会科学的复杂系统。国内研究者还没有专门机构开展课程复杂性及其系统的研究，跨学科、跨学校的协同研究尚未形成。

应用复杂科学研究课程问题属于跨学科的研究领域，需要开展跨学科的合作。相关人员要有复杂科学的理论基础，深刻认识课程领域的问题及其背后的成因。由来自不同学科背景的人员组成研究团队，然后应用复杂科学的理论和方法，阐释课程改革的影响因素，解决课程中存在的问题。例如，课程改革牵涉到整个教育系统乃至社会系统的方方面面，需要分析直接影响或间接制约改革的复杂因素。开展课程改革时，如果把教育学、管理学、经济学、社会学和文化学等相关学科的人员纳入进来，以跨学科的方式构建学术团队、形成学术组织，然后根据复杂科学，探讨课程改革的复杂性，那么可以更好地分析课程改革的影响因素、动力支持和实现路径。

为了明确应用复杂科学探讨课程问题的科学性，研究人员要全面考虑：应用复杂科学是为了解决哪些教学问题、如何应用复杂科学解决这些问题、应用复杂科学解决课程问题的效果以及如何改进。如果应用复杂科学解决课程问题的效果严重偏离预期目标，不仅没有有效解决问题，还可能导致更多问题的产生，那么应该分析具体原因、可能危害以及解决方法。

为此，研究人员应该自觉更新应用复杂科学探讨课程问题时的知识结构，把握复杂科学在课程研究中应用的条件约束，不断增强复杂科学应用的有效性。首先，分析应用复杂科学探讨课程问题的必要性。其次，根据课程问题的特点和需要，选择最为契合的复杂科学内容作为理论工具。最后，在应用复杂科学解决课程问题的方案中，选择成本适度、效益最优的实施方案。

三 如何评价复杂科学在分析课程问题时的效果

复杂科学促使研究者关注课程活动的过程性和生成性，让研究者以系统的视角阐释课程问题，为课程研究注入了新的理念。但是，复杂科学不是一种全能的理论工具，并不适合于研究所有的课程问题。虽然课程研究的问题和研究的对象具有复杂性，但利用复杂科学进行课程研究的可行性和适切性仍需关注。尽管在论文的开篇阐释利用复杂科学的合理性，但多是为研究主题服务，研究问题的针对性仍待加强。

一方面，在运用复杂科学分析课程问题的时候，我们需要避免将简单问题复杂化，以免引起人们的困惑，甚至干扰课程活动；另一方面，我们需要在我国政治制度和历史文化传统的视角下，立足课程改革与发展的实际，明确课程研究的问题，分析是否需要应用复杂科学以及如何应用复杂科学。

第五章　课程群知识建构的内在机制

随着学科的不断分化与综合，高校课程之间的联系愈加紧密。单门课程与其他课程交叉融合形成课程群，已经成为提高教学效果的重要方式。"课程群是以一门以上的单门课程为基础，由三门以上的性质相关或相近的单门课程组成的结构合理、层次清晰，课程间相互连接、相互配合、相互照应的连环式的课程群体。"①

从宏观层面看，我国高校在专业课程设置、课程结构调整等方面均不同程度体现课程群的思想。从微观层面看，高校已经重视课程群管理、课程群团队和网络课程群等。例如，某些高校在已有学科专业带头人之外，还选拔了课程群带头人，以便于课程群的组织实施。

在课程群建设已经广泛开展的背景下，探讨课程群知识建构的规律非常必要。由于教育管理部门的重视和广大教师的参与，我国的课程群建设取得了一定成绩，但是整体水平与教育改革的期望和经济社会的要求还有较大差距。探讨课程群的知识建构问题，有助于通过课程之间的相互作用，促进课程整体水平的提高。

第一节　课程群知识建构内涵的阐释

在中国知网期刊库中，用关键词"课程群"进行搜索，发现主

---

① 吴开亮：《关于高师院校课程群建设的探讨》，《江苏高教》1999 年第 6 期。

题为"课程群"的论文较多，而主题为"课程群知识建构"的论文却较少，但内容上多关注课程群的知识建构。从研究现状看，目前的课程群知识建构研究侧重于在微观角度描述具体课程群的建设经验，或者在宏观角度阐释课程群知识建构的总体状况。

在课程群知识建构研究和建设中，人们较多关注课程群实践的具体现象，而忽略了解决实践问题的指导理论，甚至尚未清晰认识课程群的性质。例如，"在课程群建设纳入到某所高校乃至政府部门的规划和资助轨道，教师们踊跃组合与申报课程群的今天，对于'哪些是课程群，哪些不是课程群'，这样最基本的问题却成为课程群评审的技术难题"[①]。

如果仅仅关注课程群实践的具体现象，而不研究课程群深层次的理论问题，就难以引导课程群实践的有效开展。因此，当前特别需要从学术角度深化课程群知识建构的理论研究，以便有效指导课程群知识建构的实践活动。

一　课程协同进化：课程之间相互作用而发生变化

1964 年埃利希和雷文首次提出"协同进化"一词，用来阐述昆虫与植物进化过程中的相互关系。1980 年扬岑提出了被广泛认可的定义："物种的某一特性由于回应另一物种的某一特性而进化，而后者的该特性也同样由于回应前者的特性而进化。"[②] 1976 年，德国学者哈肯创立了协同学，认为部分之间的协同进化是系统存在和发展的必要条件。

生物的进化过程是在环境选择的压力下进行的，而环境不仅包括非生物因素，而且也包括生物因素。"物种的进化必然会改变作用

---

① 付八军、冯晓玲：《高校课程群建设：热潮还是趋势》，《江苏高教》2007 年第 4 期。

② 转引自张树义《协同进化（一）：相互作用与进化理论》，《生物学通报》1996 年第 11 期。

于其他生物的选择压力，引起其他生物也发生变化，这些变化反过来又会引起相关物种的进一步变化"。① 课程之间相互影响，产生协同进化，构成相互作用的协同适应系统。课程群通过协同进化，不断增强课程之间的相互作用，引导课程群成为互相作用的系统，从而提高课程群的知识建构水平。

二 课程群知识建构：课程之间相互作用

课程群知识建构指单门课程通过自身进化来影响其他课程，而其他课程的进化又改变着此课程的进化，最终导致整个课程系统的进化。课程群知识建构有两层含义：一是课程群内部各要素之间的协同，促进此课程群的发展；二是课程群之间通过相互作用，实现协同发展。可见，课程群的知识建构常常表现为课程与课程之间和课程群与课程群之间的相互作用。其中，课程之间的协同进化是课程群知识建构的基础，课程群之间的协同进化则表现为课程群系统的知识建构。

在课程群知识建构的过程中，不同课程之间通过相互调节来共同适应彼此的变化，以提高课程系统的整体水平。单门课程的知识建构状况可能会引起其他课程的适应性变化，而这种变化将会引起相关课程的进一步变化。此时，多门课程的自身进化常常相互影响，形成了协同进化课程群系统。

在与外界环境相协调的过程中，若干门课程往往需要通过协同而形成新的课程群。"优化课程结构和教学内容，注意知识内容的相互渗透和融合，注意课程之间的衔接，避免内容的重复，提高课程综合化的程度。"② 课程群知识建构并不是相关课程的简单组合，也不是越多越好，应该在科学研究的基础上进行有机整合。课程规模

---

① 王梅：《基于生态原理的学科协同进化研究》，博士学位论文，天津大学，2006 年。
② 张维玺：《保质量 求发展 优化高校资源的途径——以江苏技术师范学院电气信息类专业基础平台课程群建设为例》，《江苏技术师范学院学报》2010 年第 7 期。

要适度，一般群内课程应该控制在 3—6 门比较合适。课程群可以根据逻辑联系不同而划分为知识型、方法型、问题型三大类[①]。知识型课程群是同一学科内相关课程的组合，而其他两类课程群则常常跨越专业的界限。

第二节　课程群知识建构关系的分析

在课程关系演变的过程中，不同课程组成的课程群经历了共存、竞争和协同的演变过程。在共存阶段，课程数量较少，课程资源比较丰富，不同课程之间还未出现竞争。当课程数量达到一定程度时，某门课程必然会与其他课程争夺有限的资源。为了避免过度竞争，不同课程之间应该强调互补，形成协同关系，共同利用教学资源。

目前的课程群知识建构研究侧重总结课程群知识建构的实践经验，关注具体课程群的建设案例，而较少关注课程群的深层次联系，尚未明晰课程群知识建构的关系。例如，"在人们运用不同的表述方式来界定课程群的各种定义中，除了课程群的规模和课程群之间性质的两个基本特征外，再也难以找到更具体的有操作价值的因素"[②]。分析课程群的知识建构研究关系，有助于阐释课程群的规律，提高课程群的应用效果，引导课程群的建设实践。

一　关联关系：静态的关系描述

要想促进课程群的知识建构，课程之间的关联分析至关重要。如果任意课程甲与课程乙之间存在相互关系，则称课程甲与课程乙之间存在关联。关联关系是逻辑关系，没有计量意义。关联反映的是课程之间的静态联系。从性质上看，不同课程之间存在正关联和

---

① 李慧仙：《高校课程群三论》，《煤炭高等教育》2006 年第 4 期。

② 付八军、冯晓玲：《高校课程群建设：热潮还是趋势》，《江苏高教》2007 年第 4 期。

负关联两种关系。正关联指当课程甲的适应度增加时，课程乙的适应度也增加；或者当课程甲的适应度降低时，课程乙的适应度也降低。负关联指当课程甲的适应度增加时，课程乙的适应度降低；或者当课程甲的适应度降低时，课程乙的适应度增加。

另外，从关联的先后来说，课程群还存在前向关联和后向关联。其中，前向关联指此课程对其他课程的依赖程度；后向关联指此课程对其他课程的支持作用。例如，物理、数学课程的后向关联度较强，对其他课程具有更大的支持作用。

二 反馈关系：动态的相互作用

反馈指课程甲对课程乙的适应度有直接影响，并且课程乙对课程甲的适应度也有直接影响。反馈体现了课程之间动态的相互作用。从性质上看，不同课程存在正反馈和负反馈两种关系。正反馈指课程甲与课程乙之间存在正关联，且课程乙与课程甲之间也存在正关联；或者课程甲与课程乙之间存在负关联，且课程乙与课程甲之间也存在负关联。正反馈具有自我强化的效果。[1] 负反馈指课程甲与课程乙之间存在正关联，且课程乙与课程甲之间存在负关联；或者课程甲与课程乙之间存在负关联，且课程乙与课程甲之间存在正关联。负反馈具有自我调节的效果。

根据反馈的关系来说，课程群的知识建构会出现供体课程和受体课程。当以一门课程的概念、原理和方法去解决另一门课程领域中的问题时，供体课程与受体课程的关系将得到清晰呈现。例如，当以数学的方法和原理去研究物理学的问题时，数学是供体课程，物理学是受体课程。

---

① 王梅：《基于生态原理的学科协同进化研究》，博士学位论文，天津大学，2006 年。

第三节　课程群知识建构方式的探讨

不同课程的相互关系不仅影响单门课程的教学效果，而且还决定着课程群的稳定性。"想透过繁复的表象看出不同事物的共同本质，思维的抽象性增强了，研究的难度也会加大。这就需要强有力的理论工具来加以支持。"[1] 课程群的知识建构与生物物种的相互作用类似。作为崭新的领域，课程群的知识建构研究可以借鉴生物物种的相互关系。

从理论上说，任何物种对其他物种的影响存在有利、有害和无利无害三种形式，物种之间的相互关系可以概括成六个方面[2]：（1）对双方都有利（共生、互惠）；（2）对一方有利，对另一方无利也无害（共栖）；（3）对一方有利，对另一方有害（寄生、类寄生、巢寄生、植食、捕食）；（4）对一方有害，对另一方无利也无害（竞争、抗生）；（5）对双方都有害（互抗）；（6）对双方无利也无害（中性）。

课程群知识建构的前提是课程之间必须要形成正相互作用或负相互作用。因此，结合生态学中物种的种间关系原理，可以进一步分析课程群知识建构的关系，并分别用"＋""0"和"－"表示其关系。其中"＋"代表有利，"0"代表无影响，而"－"则代表有害，如表5－1所示。

表5－1　　　　　　　　课程群知识建构的关系[3]

关系内涵 关系类型	对课程甲影响	对课程乙影响	影响效果
互补型	＋	＋	彼此相互有利

---

① 张舒予：《视觉文化研究与教育技术创新》，《中国电化教育》2006 年第 4 期。

② 尚玉昌：《生态学概论》，北京大学出版社 2005 年版，第 30—50 页。

③ 王梅：《基于生态原理的学科协同进化研究》，博士学位论文，天津大学，2006 年。

续表

关系类型	关系内涵	对课程甲影响	对课程乙影响	影响效果
竞争型	独立共存	0	0	彼此互不影响
	竞争共存	+	0	课程甲有利，课程乙无影响
		−	0	课程甲有害，课程乙无影响
		−	−	彼此相互制约
	竞争替代	+	−	课程甲或者课程乙消亡

一 互补方式：课程之间相互受益

互补原理起初是丹麦学者玻尔提出来解释量子力学的，后来被扩大到广泛的认识领域。互补指课程甲和课程乙之间不存在竞争关系，各自的进化对彼此都有利处，即存在类似于物种的互利关系。在互补型的关系中，每门课程都从对方受益。

一方面，通过方法的互补，实现科学方法的跨课程运用。例如，从科学发展的历史来看，如今普遍实用的观察、实验和模拟等研究方法，最初也只是在几门课程内应用，经过其他课程的借鉴移植，逐渐扩散到多门课程领域。

另一方面，通过理论的互补，实现某门课程的理论向另一课程渗透移植。在课程发展中，原先属于相对独立的若干课程，或者发现了它们之间的新联系，或者找到了能够综合描述它们的新途径，从而建立起在外延上更广泛，或在内涵上更深刻的新课程。

互补打破了不同课程的界限，丰富了课程群系统的内在联系。互补不仅可以发生于具有亲缘关系的相近课程（如物理学和美学）之间，同时也能够发生在关系甚远的课程（如物理学和社会学）之间；不仅可以在同一课程群的不同课程之间发生，也可以在不同课程群之间发生，如物理学课程群、生物学课程群和地理学课程群等。

例如，温州大学信号与信息处理课程群包括："信号与系统"、"数字信号处理"、"数字图像处理"、"MATLAB 仿真及其应用"、

"DSP 原理与应用"等五门课程，是电子信息在信息处理方向的五门核心课程。[①] 它包括了信号与信息处理的基础理论、应用方法、工程应用、工程实现，构成了信息处理的全过程，如图 5 - 1 所示。

基础　　　　方法　　　　应用　　　　　　实现

图 5 - 1　信号与信息处理课程群结构

其中，"信号与系统"课程给出了信息处理等领域的基本概念、基本方法和基本理论，为后续课程打下坚实的基础；"数字信号处理"课程作为"信号与系统"课程的延续和深入，侧重于信息处理的常用算法，给出了信息处理的实现方法；"数字图像处理"课程是信息处理在图像方面的具体应用，可以培养学生利用计算机技术实现视觉图形和图像的分析、判断、识别等方面的能力；而"DSP 原理与应用"与"MATLAB 仿真及其应用"两门课程则是对信号处理的具体实现。整体而言，"信号与系统"和"数字信号处理"课程以理论为主，"数字图像处理"和"DSP 原理与应用"强调理论和实验的结合，"MATLAB 仿真及其应用"课程则以实践环节为主。

二　竞争方式：课程至少一方受害

作为不同课程相互作用的方式或相互结合的形式，课程群知识建构存在不同的共生模式。同生物一样，课程之间也具有类似于竞争、捕食、寄生等生态关系。根据课程之间的关系，课程群的竞争类型可分为独立共存型、竞争共存型和竞争替代型三类[②]。

---

① 《温州大学信号与系统精品课程》，http://jpkc.wzu.edu.cn/xhyxt/default.aspx。
② 王梅：《基于生态原理的学科协同进化研究》，博士学位论文，天津大学，2006 年。

首先，独立共存型指课程甲和课程乙之间存在竞争，但对彼此都没有任何关系，即存在类似于物种的中性关系，并不包含任何反馈过程。在独立共存方式中，共生的课程群在功能上没有内在的必然联系，只是为了学习者使用得方便或其他原因而将不同课程的知识简单地组合在一起。

其次，竞争共存型指课程甲和课程乙之间存在竞争关系。竞争共存型主要分为三种情况。（1）课程乙在进化过程中从课程甲处获取利益，但并不影响课程甲的发展，即存在类似于物种的共栖关系。（2）课程乙在进化过程中从课程甲处受到损害，适应度降低，但课程甲不受任何影响，即存在类似物种的偏害关系。（3）两门课程在竞争中彼此制约，但均能得到发展，即存在类似物种的竞争关系。在竞争共生方式中，课程群提供相同或相似的功能或服务。

最后，竞争替代型指课程甲与课程乙之间存在竞争关系，课程甲不因课程乙的消亡而制约其自身发展，课程乙的水平提高时会反过来提高课程甲的水平，但最终结果仍为课程乙消亡、课程甲提高，即存在类似物种的捕食或寄生关系。因此，两门课程之间存在负反馈。

第四节　课程群知识建构的对策

课程群建设既需要从理论层面剖析课程群知识建构的规律，又需要在实践层面探讨课程群知识建构的实现。

一　面向现实问题，培育课程群知识建构的环境

首先，遵循协同进化规律，科学分配课程群资源。面对现实需要，反思所有课程同步发展的传统管理模式，摒弃课程群资源的平均分配，不断改善课程群的物质条件，提高课程群的师资素质，使

有关资源相对集中于成长期的课程群。

其次，创新管理体制，构建课程群知识建构的条件。目前的院系一般反映同一领域课程之间的源流关系，未能体现不同领域课程的协同需求。因此，有必要重点建设跨课程群组织，以加强课程群之间的横向联系。例如，以人才培养为目标导向，建立跨学科的课程群；以重大教育改革为结合点，建立跨课程的教学团队；举办跨课程的教学实践，优化课程之间的相互关系，从而形成纵横交织、灵活开放的课程群管理体制。

最后，培育良好环境，形成课程群知识建构的沃土。课程群环境是影响课程群知识建构水平的重要因素。其中，制度环境是关键，应以促进课程群知识建构为根本目标，出台导向性政策，为课程群知识建构提供制度保障；人才是课程群系统的主力军，特别是课程群带头人的作用不容忽视，要给予他们相应的决策权、组织权和分配权。竞争是课程群发展的动力，要通过竞争引导课程群系统要素的持续流动和资源的优化配置。

二 优化结构布局，提高课程群知识建构的水平

在阐释课程群知识建构的内在机理后，就基本确定了课程群知识建构的方式，那么接下来是根据课程群的现状、问题，进而优化课程群的结构布局，提高课程群知识建构的水平。正如康艳红所认为的：在课程群知识建构过程中，充分利用了现代资源网络化与信息化的特点，使教学内容具有明显的时代性、先进性。关键在于协调课程之间的关系，使目标明确化。[①] 同时弱化不同课程的独立性，强化课程之间的亲和性。

首先，树立课程群的系统观，分析课程群的核心要素、基本关系和建设环境。作为一项系统工程，课程群的知识建构需要处理内

---

① 康艳红：《〈环境化学〉网络课程群建设的方法与实践》，《沈阳师范大学学报》（自然科学版）2011 年第 3 期。

部各要素的关系以及与外部环境之间的复杂关系。为此，应该以课程之间的关联度为切入点，促进课程群的知识建构研究；以互补和竞争为手段，提高课程群知识建构的整体效果。

其次，以经济社会转型为导向，支持优势明显的基础课程群和高新技术课程群。为此，应该优化课程群布局，加大与产业紧密相关的课程群比重，提高实践应用课程群的比重，使其在地区经济建设中起到积极的作用。

最后，加大对弱势课程群的支持力度，全面提高课程群的发展水平。课程群的发展水平体现在不同课程组合成的系统上，而非任何单门课程的状况。即便目前看起来发展强劲的课程群也会受到目前相对弱势课程群的制约。例如，若离开理学课程群的支撑，工学课程群的快速发展必然缺乏动力。所以，要用协同进化观指导课程群知识建构，不断促进课程群系统的协调发展。

例如，中国药科大学根据课程群思想，优化课程的结构布局，建立了"双基础、双特色"课程体系①。通过对各相关院校药学专业与经管类专业培养计划的系统分析，在结合优质的药学教学资源及学时分配、专业知识均衡性的考量后，创新性地设计"双基础、双特色"核心课程群体系，如表 5-2 所示。

表 5-2   中国药科大学"双基础、双特色"课程体系

	课程群	主要课程	各专业平均学分
双基础课程群	药学基础知识课程群	基础化学及实验、化学药物及实验、分析与药分及实验、生化药物及实验、药剂学及实验、生药学及实验、中医药学基础等	36
	经济管理基础知识课程群	宏观经济学、微观经济学、基础会计学、管理学、统计学原理、运筹学等	70

---

① http：//jxcg. cpu. edu. cn/sr/default. asp.

续表

课程群		主要课程	各专业平均学分
双特色课程群	医药行业专有课程群	中国药事法规、国际药事法规、药品质量与管理规范、药物经济学、卫生经济学、药店经营管理、医疗保险、医药商品学、药学经济信息检索等	21.5
	医药行业特色课程群	医药企业发展战略、医药市场营销、医药营销模拟实验、医药国际贸易、医药产业经济学、药品广告学、医药电子商务等	20

三 瞄准未来趋势，构建协同进化的课程群系统

在特定的社会环境中，教育是需要面向未来的。通过课程群知识建构方式来推动教育改革，更应瞄准未来趋势，培养有用人才。课程群的知识建构研究如何面向未来趋势需要成为应该关注的问题。

首先，坚持以知识建构为理念，引领课程群的发展过程。要瞄准课程群知识建构的趋势，课程群的数量和质量相得益彰，群内课程和群外课程融会贯通，课程群与人才培养紧密结合，不断提高课程群知识建构的综合效益。

其次，以经济社会人才需求为导向，促进课程群的知识建构。课程群知识建构应该以培养经济社会需求的人才为根本目标，以解决经济社会发展问题为出发点，通过不同课程的协同融合，构建结构优化、效果良好的课程群系统。在此过程中，要注意课程群间的关联，使相应课程群的发展能够紧密联系、相互支持；课程群的协同要与具体时空条件相适应，扶持新兴课程群、交叉课程群和边缘课程群。

最后，改革现有课程群评价体系，优化课程群知识建构的评价。既要评价课程群知识建构的物质基础，更要评价课程群知识建构的文化氛围；既要评价课程群知识建构的外部成果，更要关注影响课程群效果的诸多因素，特别是学习者的主体功能；既要评价课程群所取得的近期效果，更要关注课程群知识建构的长期作用。

第六章 课程群知识建构共同体的形成

"共同体是一种帮助跨组织团体实现知识（或信息）共享与协作创新的多功能、高效性的组织形式。"① 课程群的关联性和协同性使得不同课程在一定的环境下形成知识建构共同体。探讨课程群知识建构共同体的形成，把握课程群知识建构的客观规律，可以为课程群开发和管理等实践活动提供指导意义。

第一节 课程群知识建构共同体的提出

"知识建构共同体实现了集体知识的建构，学习者个人也发展了对知识的深入理解和探究技能。"② 随着课程群知识建构的不断深入，人们应该以新的观点重新梳理不同课程知识建构的关系。

任何课程群的发展都离不开知识建构共同体。不同课程群之间具有相互依存、相互制约的生态关系。在环境与课程群目标的制约下，核心课程群与相关配套课程群、支撑课程群等相互依存、相互制约地生存在一起，形成共存共生的知识建构共同体。随着课程群的生命周期越来越短且知识建构的要求不断提高，如何引导与管理

---

① 周朴雄、陶梦莹：《面向产业集群创新的知识建构共同体研究》，《情报科学》2014 年第 12 期。

② 金慧、张建伟、孙燕青：《基于网络的知识建构共同体：对集体知识发展与个体知识增长的互进关系的考察》，《中国电化教育》2014 年第 4 期。

成为亟待解决的问题。

"社会建构主义认为，知识的社会建构是一个循环过程，个体的主观世界观是与社会相互联系的，而知识是在人类社会范围内，通过自身的认知过程及个体间、社群间的社会协商而建构的。"① 课程群的知识建构离不开共同体的支持。课程群知识建构共同体是课程群与课程群、课程群与环境之间相互依存、相互制约而形成的具有一定结构和有机联系的统一整体。

第二节 课程群知识建构共同体的构成

课程群的知识建构活动以培养学生为主线，以不同课程的内在逻辑联系为基础，以深化教学改革为动力的新型知识建构模式，形成系统开放、团队异质、互动共享的共同体。

无论学校教学管理部门制定课程群的发展政策，还是教师团队开展课程群的教学活动，课程群知识建构都应遵守共同体规律。"活动理论是研究在特定社会文化历史背景下人的行为活动的理论，同时活动系统提供了在人类活动三角形结构中分析许多关系的可能性。"② 因此，活动理论可以充当在共同体水平上研究课程群知识建构的分析框架，探索学习者如何开展课程群的学习活动。

一 课程群知识建构的主体：学生为主，教师为辅

"活动理论认为，个体的活动并不是分离的，而是与更大的文化背景紧密相关。"③ 课程群知识建构是教师学生等为了解决问题，而

① 谢幼如、宋乃庆、刘鸣：《基于网络的协作知识建构及其共同体的分析研究》，《电化教育研究》2008 年第 4 期。
② 斯琴图亚：《基于活动理论的班级知识建构共同体的社会——认知动态分析》，《电化教育研究》2009 年第 3 期。
③ 同上。

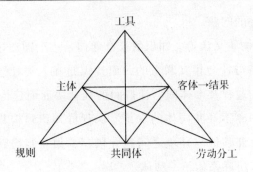

图 6-1　人类活动系统的结构

开展的课程群学习的行为。在课程群知识建构的主体中，学生为主，教师为辅。此时的知识建构活动以学生为中心，教师扮演着促进者和引导者的角色。

二　课程群知识建构的客体：课程及其关系

"客体是主体意图影响或改变的东西，它可以是具体的东西，也可以是非物质的、难以触摸到的东西。"① 课程群知识建构共同体的特征，不仅呈现课程群的技能价值和工具性价值，而且呈现课程群的伦理价值和目的性价值。课程群的发展要求人们制定创新规划或从事教学活动时，必须协同整合相关课程，形成知识创新体系。

在课程群系统中，任何课程群知识建构都无法独立满足学习者日益增长的多样化需求。一门课程要想产生良好的教学效果，发挥人才培养的作用，必然与其他相关课程及其教育环境存在着互动和依存关系。课程与课程、课程群与课程群、课程群与环境相互依存、相互制约，形成了知识建构的共同体。因此，课程群知识建构的客体包括课程与课程、课程群与课程群等。

① 斯琴图亚：《基于活动理论的班级知识建构共同体的社会——认知动态分析》，《电化教育研究》2009 年第 3 期。

三　课程群知识建构的规则

"规则指的是制约行动和在活动系统内起交互作用的显性及隐性的规则、标准和习俗，也包括个体和共同体水平上的价值观和信仰等。"[1] 社会组织需要构造组织制度、规则和反映时代要求的价值观念等约束条件来规范、协调具体的活动。知识建构共同体同样借助这些条件来进行信息和知识的交流分配。课程群应该适合知识建构共同体的需要，符合知识建构共同体的发展方向。

随着形式多样、内容丰富的课程群出现，课程群越来越多地影响学习者的知识学习，不断刺激学习者产生新的学习需求。课程群与学习者逐渐形成了互补互惠式的共同体。在特定的情境中，学习者自己会判断在什么情景中应该根据什么规则。这种判断能力的取得不仅依赖于学习者的顿悟或实践智慧，更需要依赖于共同体中的规则。

根据知识建构共同体的特征，课程群的知识建构至少应该[2]：（1）关注问题，而非知识单元或主题；（2）关注思想的持续改进，而非寻找结论性答案；（3）关注共同体（集体）知识，而不仅仅是个人知识；（4）强调去中心化的开放互动，而非权威控制的互动；（5）强调知识建构的广泛渗透性。

四　课程群知识建构的工具

"工具是主体作用于客体的手段，是人类活动的媒介。"[3] 课程

---

①　斯琴图亚：《基于活动理论的班级知识建构共同体的社会——认知动态分析》，《电化教育研究》2009 年第 3 期。

②　Marlene Scardamalia、张建伟、孙燕青：《知识建构共同体及其支撑环境》，《现代教育技术》2005 年第 3 期。

③　斯琴图亚：《基于活动理论的班级知识建构共同体的社会——认知动态分析》，《电化教育研究》2009 年第 3 期。

群知识建构共同体离不开信息技术的支持。如何有效采用信息技术满足课程群知识建构的最优化，是激发和维持课程群知识建构的关键。在引入信息技术作为支撑后，课程群与学习者以知识传播创新为共生界面，逐步走向互补合作的共同体，形成了互惠互利的双向交流机制。

五　课程群知识建构的分工

"劳动分工指将客体转换为某种结果的过程中成员们所承担的各种责任。"[1] 作为复杂的系统工程，课程群的知识建构活动既要依据经济社会的不断发展对人才培养的要求，又要遵循课程教学的主要规律和课程建设的基本原则。课程群的知识建构研究不仅需要理论上深入分析共同体的构成，而且需要实践中在课程目标、课程内容、教学团队和课程学习等方面体现知识建构的要素。

课程群的发展会带动或引导相关课程群的发展，同时也会抑制其他课程群的发展。课程群系统的性能不仅取决于组成系统的多门课程的性能，而且在很大程度上取决于共同体的分工方式。即使组成课程群系统的要素相同，如果它们的分工方式不同，课程群系统的整体效果就可能不同。

六　课程群知识建构的环境

站在系统科学的立场上，课程群知识建构共同体是由课程群与课程群、课程群与环境间的共生存在关系而形成的。课程群知识建构及其应用是经济、社会、文化在课程教学上的投影。所以，其知识建构共同体的环境与经济、社会、文化等有着千丝万缕的联系：不仅包括经济、政治、文化、生活等广义的社会环境，而

---

① 斯琴图亚：《基于活动理论的班级知识建构共同体的社会——认知动态分析》，《电化教育研究》2009 年第 3 期。

且包括与其他课程群构成的教学环境。

影响课程群知识建构共同体的环境是多种多样的。不同种类的环境对知识建构共同体的影响不同。根据环境对知识建构共同体的作用，存在正向环境、中性环境和反向环境①。正向环境对课程群知识建构共同体产生正向积极的作用，反向环境对课程群知识建构共同体起抑制或消极的作用，而中性环境对知识建构共同体既无积极作用，也无消极作用。

课程群知识建构共同体的理想环境是正向环境，包括优越的资源条件、巨大的潜在教育需求和政府政策的大力支持等。课程群知识建构的环境是不断变化的。只有课程群与课程群、课程群与环境协同发展，才能实现课程群与环境的最优化发展。

例如，为优化"民商法学"课程群知识建构的环境，温州大学设有国内一流的设备先进、功能齐全的模拟法庭；设有学生法律援助中心，引导学生在法学教师的指导下，无偿接待、解答社会各界的法律咨询并提供力所能及的法律援助服务；在温州市中级人民法院等设立了十二个法学专业实践和实习基地，给学生提供日常性的和假期的专业实践和实习活动；有来自于温州市中级人民法院等十多位法学专业建设指导委员会委员，指导学生的专业实践，提高了学生的实践能力。

第三节　课程群知识建构共同体的形成

课程群知识建构共同体是某门课程在长期的演化进程中与其他相关课程不断调整进化，共同适应复杂多变的环境而逐渐形成的。课程群知识建构共同体经历了知识建构共同体的识别、适应、发展、共生、解体和重建的循环过程。

---

① 王梅：《基于生态原理的学科协同进化研究》，博士学位论文，天津大学，2006年。

  分析课程群的知识建构共同体需要从课程群系统及其要素的关系出发，充分考虑不同网络课程以及教学体系之间的关系。将课程群的教学因素与共同体形成的一般过程分别作为维度，可以构建课程群知识建构共同体的分析框架，如表6-1所示。其中，课程群的自适应与反适应的调节以及外部环境的作用机制来保证共同体的生存和发展。

表6-1　　　　　　　　　课程群知识建构共同体的分析框架

共同体的形成阶段 ＼ 课程群的教学因素	不同课程的教学目标	不同课程的教学内容	不同课程的教学模式	不同课程的教学媒体	不同课程的教学评价
共同体识别					
共同体适应					
共同体发展					
共同体解体					
共同体重建					

一　知识建构共同体识别：判断能否存在共同体

  课程群知识建构共同体是在特定教学目标的指引下形成和发展起来的。课程群以课程之间知识的联系为结合点，把相关的知识点联系起来达到知识的贯通；并重新整合相关课程，增添缺失的课程，删除重复的课程，引导学生以跨课程的方式开展学习。

  知识建构共同体的形成以课程之间、课程群之间的识别为前提。尤其知识建构共同体建立初期必然经历课程与课程之间、课程群与课程群之间的相互识别。

二　知识建构共同体适应：形成匹配的共同体

  在课程与课程、课程群与课程群相互识别后，并不能立即产生共生效应，而是要经过一定的时间和过程，彼此不断在教学目标、教学内容、教学环境和教学评价等方式下进行调整。这种调整既是为了课程群知识建构共同体要素的相互适应，又是提高课程群知识建构质量所需要的。

三　知识建构共同体发展：构建有益的共同体

共同体经历适应过程后，便进入了共同体的发展阶段。此时，课程群知识建构共同体变得比较稳定。课程群知识建构共同体要素之间以及共同体与环境之间的融合程度很强。当其中一门或多门课程发生渐变或突变时，其他与之相关的课程必须对其变化做出反应，以使共同体内的知识建构活动处于最佳状态。

课程群知识建构共同体不是封闭的静态系统，而是开放的动态系统。人们需要根据实际情况的适当变化，使其更加完善合理。课程群知识建构共同体应根据经济社会的变化和人才培养的需求，增加反映现代发展新成果和学科发展前沿水平的课程，使整体的教学内容不仅适应时代发展，而且符合科学精神。

四　知识建构共同体解体与重建：进一步优化共同体

由于多样性及成熟度的差异，课程群知识建构共同体的自我调整进度可能与课程群的整体演变不协调。那些演化较快或较慢的课程逐渐变得不再适应原有的知识建构共同体而被课程群淘汰，致使知识建构共同体关系解体。至此，不同课程又开始新一轮的识别活动，形成新的有序的课程群知识建构共同体。

课程群知识建构共同体在不同课程长期的演化过程中，形成相互依存、相互制约和协同发展的动态关系。这种动态关系普遍存在于课程与课程之间、课程群与课程群之间，深刻反映课程群知识建构的动态特征。

第三部分
课程群知识建构的网络实践：
网络课程群

第七章　我国信息化环境下知识建构研究的现状[*]

　　知识建构作为通过协商对话来建构意义的过程，需要信息技术的支持。根据研究领域，信息化环境下的知识建构研究可以划分为基本原理研究、技术支持研究、促进策略研究和教学应用研究等。目前的研究运用交互理论、活动理论和群体动力等理论工具，采用社会网络分析、统计分析以及内容分析等多种方法，在探讨知识建构的基本原理的基础上，阐释网络环境、虚拟学习社区和网络学习共同体等知识建构的特点，开展计算机、新媒体和可视化技术支持下知识建构的实践研究，探讨如何将知识建构理论应用到学习环境设计和网络课程开发以及传统课程的变革中。面向未来教学改革的需要，信息化环境下的知识建构研究应该与学科课程深层次结合，进行开发与实验研究以及开展跨文化的知识建构研究。

第一节　研究提出

　　在传统的知识教学中，师生过度追求教学成绩，较多关注问题的答案，忽视了答案的产生过程。由于传统学习理论难以解释信息时代的学习问题，人们开始反思"知识是固定的、可以储藏传递"

---

　　* 本章主要内容发表在《远程教育杂志》（CSSCI 来源期刊）2014 年第 5 期。

— 93 —

的知识的旧观念，提出学生可以通过利用符号、开展活动和协商讨论等来主动建构知识的新观念。

知识建构理论是由加拿大学者 Marlene Scardamalia 和 Bereiter 在20 世纪 80 年代提出的。近 30 年来在理论扩展、技术开发和实践应用的相互作用下，知识建构研究不断壮大。其研究成果被应用到基础教育、高等教育等领域，影响了数学、历史和化学等学科教学，推动了传统教学活动的变革发展。

20 世纪以来，我国学者将知识建构理论介绍进来，并开展了实质性的研究与应用。描述我国信息化环境下知识建构研究的状况，梳理信息化环境下知识建构研究的特点，既为人们探讨信息化环境下基于知识构建的教学改革提供参考，又为研究者开展更为深入系统的研究提供借鉴。

第二节　研究设计

我国信息化环境下的知识建构研究是由低级到高级、由简单到复杂不断进化发展的。梳理我国信息化环境下知识建构研究的状况，不仅需要引入量化的分析方式，准确描述研究进展的整体情况，而且应该在形而上的理论层面客观分析其主要内容之间的内在关联。

一　研究思路

本书在梳理信息化环境下知识建构研究相关论文的基础上，概括了信息化环境下知识建构研究的状况，反思信息化环境下知识建构研究的问题，提出信息化环境下知识建构研究的建议。

二　研究数据

本书选择 2002—2013 年中国知网（CNKI）中教育技术学领域核心期刊的论文和教育技术学专业的优秀硕博论文作为研究数据的来源。在选取与知识建构研究有关的期刊论文时，分别以题名"知识建构"＋"电化教育研究""中国电化教育"和"远程教育杂志"等教育技术学领域的核心期刊进行检索；在选取与知识建构研究有关的教育技术学优秀硕博论文时，以题名"知识建构"＋学科专业名称"教育技术学"进行检索。研究数据来源明确、质量可靠，代表了信息化环境下知识建构研究的整体状况。

知识建构研究相关的期刊论文和硕博论文共有70篇，其中期刊论文广泛分布于教育技术学的9种核心期刊中，如表7－1所示。《电化教育研究》《中国电化教育》《远程教育杂志》《现代远距离教育》《开放教育研究》《现代教育技术》《外语电化教学》《中国远程教育》和《现代远程教育研究》均有论文发表。其中，《电化教育研究》《中国电化教育》发表论文较多，分别为20篇、19篇。另外，教育技术学优秀硕博毕业论文有36篇，包括硕士生毕业论文35篇、博士生毕业论文1篇。

表 7－1　　我国信息化环境下知识建构研究的数据来源

数据来源	篇数
《电化教育研究》	20
《中国电化教育》	19
《现代教育技术》	11
《现代远距离教育》	6
《开放教育研究》	4
《远程教育杂志》	3
《现代远程教育研究》	2
《外语电化教学》	3
《中国远程教育》	2
教育技术学硕士论文	35
教育技术学博士论文	1

三　研究过程

本书主要采用文献研究方法，将检索所得论文的信息（篇名、作者、机构、刊名、发表日期等）转换到 EXCEL 表中进行处理。在此过程中，筛选和归类相关数据：（1）去除与知识建构主题不符的论文；（2）剔除一稿多发的论文；（3）对论文进行归类，概括信息化环境下知识建构研究的特点；（4）反思信息化环境下知识建构研究的不足，提出研究建议。

第三节　研究状况

信息化环境下的知识建构研究领域广泛，既包括信息技术环境下知识建构的基本理论研究，又涵盖信息技术支持下知识建构理论教学应用的实践探索。根据研究领域，信息化环境下的知识建构研究可以划分为知识建构的基本原理研究、不同环境下的知识建构研究、知识建构的技术支持研究、知识建构的促进策略研究和知识建构的教学应用研究。研究者探讨不同研究领域下的主题，既有横向上研究范畴的广度，又有纵向上研究内容的深度。

一　知识建构的基本原理研究

虽然知识建构基本原理研究的角度不同，但均不约而同地强调建构的过程。在概念的辨析中，协作知识建构、共同体知识建构和虚拟知识建构等相关研究均符合此观点。

（一）概念辨析与阐释原理

基于不同的理论视角，人们对于知识建构的认识有一定程度的差异。其中，皮亚杰的认知建构论与维果斯基的心理发展理论都深刻影响着知识建构观的形成和发展。[1] 皮亚杰侧重于个体内部对于知识的意义建构，重点研究个体内部的意义建构过程和机制；

---

① 马秀芳、李克东：《皮亚杰与维果斯基知识建构观的比较》，《中国电化教育》2004年第 1 期。

而维果斯基则认为个体的学习是在一定社会背景下进行的，社会可以对个体的学习发展起到促进作用。

由于知识建构定义的众说纷纭，辨析知识建构、学习共同体等相关概念十分必要。钟志贤认为知识建构是从建构主义学习环境设计的角度出发的，学习共同体强调了在知识建构中学习者与他人的协作。[①] 在通过案例分析相关概念方面，宋述强等从研究背景、核心理念、软件产品和教学效果四个方面剖析了"CSILE/Knowledge Building"项目，为国内网络学习环境的研究与开发提供了参考。[②] 为指导更多人员开展信息化环境下的知识建构研究，赵建华在剖析相关基本概念的基础上，提出了开展知识建构方面研究的 12 条原则。[③]

我国学者在翻译、引进国外知识建构研究成果的基础上，尝试进行本土化、民族化的阐释，以更适合我国教育情景和教育需要。整体看来，大部分学者认为：知识建构的本质是学习者从学习问题出发，在教学中运用信息技术工具，以互动、交流、碰撞和融合等方式来优化知识学习的过程，以达到提升学习质量的目的。

（二）采用多种理论工具

对于信息化环境下知识建构的特点，人们根据实际情况，采用多种理论工具进行分析。采用的主要理论工具有交互分析理论、活动理论、动力理论和解释学等。不同理论工具扮演着各自角色，发挥着不可替代的作用。

首先，采用交互分析方法可以明确知识建构的本质，把握知识建构的规律。如刘黄玲子等通过分析成员个体和小组整体的知识结构变化、关系网络形成、互动结构和协同知识建构水平等来探讨协同知识

---

① 钟志贤：《知识建构、学习共同体与互动概念的理解》，《电化教育研究》2005 年第 11 期。

② 宋述强、曾小牧：《"目的性学习"与"知识建构社群"——加拿大多伦多大学"CSILE/Knowledge Building"项目综述》，《中国电化教育》2005 年第 7 期。

③ 赵建华：《知识建构的原理与方法》，《电化教育研究》2007 年第 5 期。

建构的基本规律①；甘永成建立了在线学习的交互分析的系统框架、互动内容分析的编码系统。② 采用交互分析方法分析知识建构活动，可以帮助人们把握知识建构达到的层次，分析哪些学习者之间形成了密切的交往关系，了解学习者在网络交互过程中影响力的分布特点等。

其次，活动理论成为分析知识建构的重要理论。根据活动理论，斯琴图亚分析了班级知识建构共同体中的因素，形成共同体关系的四个子系统：主体—共同体—客体、主体—共同体—劳动分工、主体—共同体—规则、主体—共同体—工具，揭示了班级背景下具有认知动态特征的知识建构共同体模式。③ 知识不仅仅是在他人帮助下个体的同化或顺应，更是在与同伴一起解决问题的过程中建构的。对此，张玉华从教学设计的角度，构建了 Wiki 环境下协作学习活动方案。④ 基于活动理论分析知识建构共同体的知识建构问题，有利于学习者在以问题为中心的探究过程中，通过直接对话和交流产生新的知识，促进共同体中的知识传播和创新。

再次，群体动力是提升知识建构效果的根本因素，探究知识建构的动力学机制是提升深度学习的有效途径。谢幼如等探讨了协作知识建构中的群体动力的来源、影响因素、生成机制等问题，指出群体动力是加速知识建构过程和促进智慧产品生成的根本因素⑤；况姗芸提出异步 CSCL 情境下协作知识建构活动的动力机制模型，发现个体间的互动以群体规范、群体认同感、情感交流和教学管理等为

① 刘黄玲子、朱伶俐等：《基于交互分析的协同知识建构的研究》，《开放教育研究》2005 年第 2 期。

② 甘永成：《虚拟学习社区的知识建构分析框架》，《中国电化教育》2006 年第 2 期。

③ 斯琴图亚：《基于活动理论的班级知识建构共同体的社会——认知动态分析》，《电化教育研究》2009 年第 3 期。

④ 张玉华：《Wiki 环境下支持协作知识建构的学习活动设计与实践》，硕士学位论文，西南大学，2010 年。

⑤ 谢幼如、宋乃兵、刘鸣：《网络课堂协作知识建构的群体动力探究》，《电化教育研究》2009 年第 2 期。

中介对个体的后续动机产生影响。① 采用群体动力理论分析知识建构问题，可以帮助人们认识到知识建构的动力来源于成员之间的积极互动，为学习技术设计和协同学习系统建构提供指导。

最后，除了以上理论工具外，甘永成还从 e - Learning 和知识管理的视角，融合知识管理和 e - Learning 思想，构造了虚拟学习社区集体智慧发展的理论框架与学习模型②；庄慧娟等从解释的视角，把协作知识建构看作是学习者在不断进行自我解释和与他人交互解释中建构知识的过程，从计算机支持的角度建立了基于解释的协作知识建构过程模型。③

（三）运用灵活多样的分析方法

知识建构需要通过灵活多样的分析方法，来探究师生互动所形成的社群结构、社会关系以及参与特征。针对信息化环境下知识建构研究的问题，研究人员主要采用三种研究方法：社会网络分析、统计分析和内容分析。三种方法各有特点，应综合应用，使知识建构研究的成果更具效用。

首先，采用社会网络分析方法能够以多种形式呈现知识建构的网络结构，建立知识建构过程中微观行为与宏观现象之间的桥梁。例如，张学波等以 K12 教育论坛作为虚拟学习社区代表，从密度、中心性、凝聚子群三大方面分析协作知识建构的特征④；王佑镁从凝聚子群的密度、角色和中心性三方面讨论群体的互动性等方面来论述不同知识建构的特征。⑤ 应用社会网络分析方法分析知识建构问

---

① 况姗芸：《异步 CSCL 情境中协作知识建构的动力机制研究》，《中国电化教育》2012 年第 7 期。

② 甘永成：《虚拟学习社区中的知识建构和集体智慧研究》，博士学位论文，华东师范大学，2004 年。

③ 庄慧娟、柳婵娟：《基于解释的协作知识建构过程模型》，《现代教育技术》2008 年第 9 期。

④ 张学波、郑志华：《协作知识建构的社会网络分析》，《开放教育研究》2009 年第 4 期。

⑤ 王佑镁：《协同学习环境中的知识建构及其社会网络分析》，《现代远距离教育》2010 年第 6 期。

题，通过定量的方法从成员互动关系的角度，可以探讨知识建构的影响因素及其联系，然而尚不能用来解释知识建构的社会背景和文化影响。

其次，采用统计分析方法能够随机性定量描述知识建构过程，并运用数学模型描述知识建构的要素，以计算机为工具进行信息处理。田秋艳统计虚拟学习中的论坛数据，认为虚拟学习社区知识建构主要受到学习者个人、学习共同体、指导者、虚拟学习社区平台等因素的综合作用。① 然而，统计分析方法难以帮助研究人员获得知识建构中比较深入、广泛的信息，甚至忽略了学习者知识建构的深层动机和影响知识建构的复杂因素。

最后，采用内容分析方法时，研究者首先对知识建构平台中的内容进行文本分析，然后运用统计学方法计量类目和分析单元出现的频数，最后用数字或图表的方式表述知识建构研究的结果。例如，胡勇等以教师专业发展支持平台的某门网络课程为例，根据知识的社会建构观点，对学习者保留在学习论坛上的帖子进行内容分析，来了解学习者群体知识建构的层次。② 采用内容分析方法研究知识建构问题时，研究人员需要有充分的耐心和大量的研究时间，并注意反思文本内容背后的深层次影响因素，以避免将复杂文本高度简单化。

（四）经验总结与实践应用

自从知识建构研究被国内学者关注和了解，学术界就开始探讨如何将其应用于教学，并开展实践活动来验证应用效果。知识建构实践应用研究所得的结论对一线老师更具有说服力，推广应用起来也较为方便可行。例如，张舒予等总结"视觉文化与媒介素养"课

---

① 田秋艳：《虚拟学习社区中知识建构的影响因素研究》，硕士学位论文，东北师范大学，2009 年。

② 胡勇、王陆：《异步网络协作学习中知识建构的内容分析和社会网络分析》，《电化教育研究》2006 年第 11 期。

程教学的实践经验，提出知识建构"从共享到共生"的理念，揭示
了信息时代知识建构的共性趋势：数字化学习环境下在个体间知识
共享的基础上，逐渐形成群体参与的、以促进个体知识内化和集体
知识增长的学习共同体[1]，如图 7-1 所示。

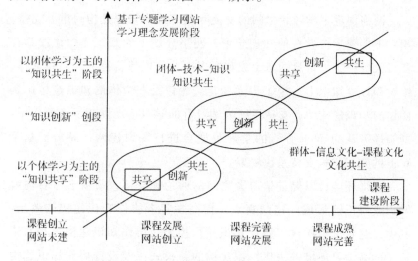

图 7-1 基于专题网站的知识建构理念演进

概括而言，在知识建构的基本原理方面，人们阐释了所涉及的
核心概念，运用交互理论、活动理论和群体动力等理论，采用社会
网络分析、统计分析以及内容分析等多种方法，探讨了信息化环境
下知识建构的特征，在此基础上提出知识建构研究的基本原则，奠
定了深入研究知识建构的理论基础。

二 不同环境下的知识建构研究

从认知的角度来看，知识建构并不是知识的简单传授，而是学
习者自身或者学习者之间交流观点、加工信息和获得意义的过程。

---

① 张舒予、朱永海、聂竹明：《从共享到共生：基于视觉文化专题网站的知识建构
新理念》，《现代远距离研究》2012 年第 4 期。

随着信息技术的发展、互联网的普及和数字化学习方式的出现，学习者知识建构的支持环境更加多样化。不同环境下的知识建构不但符合知识建构的一般规律，而且具备各自的特点和优势。

（一）网络环境下的知识建构研究

网络促进了学习者之间的交流互动，成为知识建构的重要支持。相对于传统学校教育的知识学习，网络环境下的知识建构往往具有参与人员广泛、信息动态生成和自下而上开展等特征，人们在选择、组织和评价知识上发生了很大变化。无论是在个体的知识建构还是团体的知识建构中，支持系统为学习者的学习活动发挥了重要作用。刘明祥等认为 Web 方式的学习很适合进行知识建构，提出了基于 Web 的知识建构支持系统框架。[①]

网络环境可以促进学习者之间的讨论和交流，帮助学习者理解知识或修正已形成的错误观点，提高学习者协作知识建构的效果。其中，赵建华等探讨了协作知识建构模型、协作知识建构过程，论述了网络学习环境中协作知识建构的新模式以及设计协作知识建构环境的原则[②]；谢幼如等探讨了协作知识建构"共享—论证—协商—创作—反思"过程模型，提出了构建基于网络的协作知识建构共同体的具体策略（真实性任务、积极互赖、协商理解、公开呈现、专家合作、分担责任）。[③] 网络环境下的知识建构研究探讨如何将复杂的、非固定的知识建构过程具体化，能够为网络学习共同体的形成提供理论指导。

（二）虚拟学习社区的知识建构研究

虚拟学习社区可以吸引具有共同愿望、共同兴趣的学习者交流

---

① 刘明祥、朱书强：《基于 Web 的知识建构支持系统设计》，《中国远程教育》2002年第 9 期。

② 赵建华、［英］David Mcconnell：《网络学习中的协作知识建构》，《外语电化教育》2007 年第 3 期。

③ 谢幼如、宋乃庆、刘鸣：《基于网络的协作知识建构及其共同体的分析研究》，《电化教育研究》2008 年第 4 期。

分享学习资源，支持他们共同完成学习任务，形成深层次的知识建构，实现集体智慧的凝聚和升华。甘永成研究了虚拟学习社区协作学习和知识建构的过程，分析虚拟学习社区的运作规律和特点①；提出知识建构的发展过程必然经过观点的发散、联结和收敛三个阶段，从思维方式、对话维度、观点收敛过程和步骤、认知行为四个方面探索了虚拟学习社区知识建构的具体过程。② 虚拟学习社区的知识建构研究论述了虚拟学习社区对知识建构的支持功能，初步形成了研究体系和理论框架。

随着教师教育信息化的深入开展，教师虚拟学习社区成为支持教师专业发展的重要平台。教师虚拟学习社区可以延伸校本培训、共享优质资源、推进教师协作，能够促进教师实践知识的积累和发展。李彤彤等以 K12 教育论坛为例，对帖子数量和内容进行实证分析，发现教师虚拟学习社区知识建构过程中存在教师参与交互频度不均衡、社区持续吸引危机、社区知识建构层次低、冲突辩护氛围不浓厚等问题③；吴文华等以教师在线实践社区中远程学习圈中教师知识建构水平的发展与变化为研究问题，得出不同教师群体的知识建构水平发展与变化以及不同教师群体知识建构水平的整体分布特征。④ 相关研究成果有助于进一步提高教师虚拟学习社区中知识建构成效，提高教师虚拟学习社区的学习质量，进而促进教师的专业发展。

从技术环境对于知识建构的影响来看，知识建构与移动网络相结合，将形成移动的虚拟学习社区。例如，周素萍构建了基于移动

---

① 甘永成：《虚拟学习社区中的知识建构和集体智慧研究》，博士学位论文，华东师范大学，2004 年。

② 甘永成：《虚拟学习社区中的知识建构收敛过程分析》，《现代远距离教育》2005 年第 6 期。

③ 李彤彤、马秀峰：《教师虚拟学习社区中的知识建构实证分析》，《电化教育研究》2011 年第 9 期。

④ 吴文华、耿雪、罗一萍：《教师在线实践社区（TOPIC）远程学习圈中知识建构水平与特征分析》，《中国电化教育》2012 年第 10 期。

学习的虚拟学习社区中知识建构双回路循环模型，从个体知识建构和协同知识建构两个回路分析了知识建构的阶段和过程，以实证方式研究了基于 Wiki 的"云计算"词条的知识建构过程。[①] 随着移动学习的广泛开展，移动环境成为知识建构的重要支撑。移动环境下的知识建构将成为知识建构研究的重要范畴。

（三）网络学习共同体的知识建构研究

学习共同体强调知识学习过程的协作性和团队合作，为知识建构提供了良好条件。对此，陶侃认为游戏 MOD 作为具有知识建构意义的非正式学习，可以促进学习共同体的形成[②]；张惠提出了网络条件下知识建构共同体的设计原则，并结合 Wiki 的优势探讨了知识建构共同体支撑环境的设计问题。[③] 针对由于学习主题间常常缺少联系性导致知识建构非连续性的问题，岳丽娜等提出"关联性问题"和"培育公共知识空间"的策略。[④]

网络环境中师生进行沟通、交流以及知识建构和共享，形成了网络学习共同体。网络学习共同体的知识传播方式突破了传统的知识传播方式，其知识建构具有鲜明特点。杨卉阐述了网络学习共同体知识建构过程的传播方式（要素、关系、过程等），提出个体知识建构与集体知识建构相结合，为学习共同体的知识建构活动提供了指导模式。[⑤] 可见，网络学习共同体将远程交流工具、协作工具和知识管理工具等结合起来，形成支持知识建构的传播环境，促进知识

---

① 周素萍：《移动虚拟学习社区中知识建构双回路循环模型研究》，《中国电化教育》2012 年第 3 期。

② 陶侃：《游戏 MOD 中的知识建构、共同体与网络学习资源的再创新》，《电化教育研究》2009 年第 10 期。

③ 张惠：《基于网络的知识建构共同体的研究》，硕士学位论文，陕西师范大学，2007 年。

④ 岳丽娜、李玉斌：《学习共同体知识建构的连续性问题研究》，《现代远程教育研究》2008 年第 1 期。

⑤ 杨卉：《网络学习共同体知识建构的传播方式探究》，《电化教育研究》2008 年第 6 期。

建构活动不断深入。

网络学习共同体已成为教师专业发展的新环境，其知识建构有助于促进高校教师的专业发展。徐睿总结高校教师网络学习共同体的知识建构的特征和目标，提出网络学习共同体中知识建构的促进策略。[①] 高校教师专业发展不仅需要具有反思特点的个人知识建构，更需要体现人际交互的群体知识建构。汤轶辉开展了基于网络的"学校群"教师实践知识建构研究，设计了学校群网络教研和实践知识积累的学习服务支持体系，提出了传统教研和网络教研相结合的实践知识积累的活动方案。[②] 因此，网络学习共同体的知识建构更符合高校教师在专业发展中相互学习和共同发展的需要。

整体来说，目前研究主要以教师虚拟社区为实践对象，分析了网络环境下知识建构给传统教育带来的影响，总结了网络环境下个人知识建构的支持系统和协作知识建构的模式、过程以及方法。在网络环境下知识建构的研究中，实践应用的群体主要为高校教师，应用群体需要扩展到中小学教师和成人学习者，应用范围还应该包括基础教育和成人教育。

三 知识建构的技术支持研究

作为社会性协商与对话的意义建构过程，良好的知识建构需要在具体的信息技术系统中实现。以多媒体和通信技术为基础的网络技术，具有共享、协作等特点，可以为知识建构创设新的环境。在此背景下，人们应用乃至创造多种信息技术来支持知识建构活动，提高知识建构的教学效果。例如，第十四届全球华人计算机教学应用大会（GC-CCE2010）主题为"迈向知识建构的新纪元"，探讨如何使资讯及通

---

① 徐睿：《高校教师网络学习共同体的知识建构》，硕士学位论文，江西师范大学，2007 年。

② 汤轶辉：《基于网络的"学校群"教师实践知识建构研究》，硕士学位论文，浙江师范大学，2010 年。

信科技成为学习者的学习伙伴，以促成或加强学习者的知识建构。

（一）认知与技术关系的研究

在知识建构的发展过程中，需要将认知和技术结合起来。早在
2003年韩涌波认为建构主义理论要求理想的语言学习环境满足情境
再现、交互协作与知识建构三个条件，提出在多媒体与Internet网络
背景下的网络语音室是外语知识建构的理想学习环境。① 两者之间关
系的疑惑随之而来：信息技术是单纯地改变了原本的学习方式，还
是深层次地促进了知识建构活动。对此，王佑镁阐述了技术支持的
学习环境中知识建构的层次模型，分析了协同学习环境中知识建构
的层次和质量，有助于从技术设计和教学设计方面构建学习系统。②

（二）计算机技术支持的知识建构研究

以计算机为代表的信息技术不断发展，为学习者获取、建构和
应用知识创造了更好的条件。知识建构的支持工具及其设计成为信
息技术支持知识建构的研究问题。针对利用计算机支持学生学科知
识建构的问题，庄慧娟等从计算机作为小学生数学认知工具的角度，
建立了计算机支持小学数学知识建构的研究框架；通过开展教学试
验，探讨计算机作为演示工具、操作工具和创作工具支持小学数学
概念、数学规则和数学思想方法三类知识建构。③ 根据知识建构的原
则，开展计算机技术支持的知识建构研究，可以为知识建构提供丰
富的学习资源，多样的支持环境和互动的实践平台。

（三）新媒体支持的知识建构研究

新媒体可以较好地支持知识建构，将两者结合起来成为知识建
构研究的新尝试。目前新媒体支持的知识建构研究中主要探讨如何
利用Wiki、博客和电子书包等支持知识建构活动。基于新媒体进行

① 韩涌波：《论网络语音室在英语知识建构中的作用》，《外语电化教育》2003年第3期。
② 王佑镁：《信息技术支持知识建构：层次模型与效果分析》，《远程教育杂志》
2009年第6期。
③ 庄慧娟、李克东：《计算机支持小学数学知识建构的研究》，《中国电化教育》
2011年第2期。

知识建构的环境创设和活动设计等成为关注的热点。

首先，社会性网络 Wiki 具有卓越的知识管理功能，增强了学习者的知识表述能力。Wiki 学习社群帮助人们协作建构知识，进而形成学习共同体。徐梦提出 Wiki 支持下的协作知识建构环境模型，设计、开发了 Wiki 支持下的协作知识建构系统，并通过教学实验验证了系统的有效性[①]；刘春荣从虚拟社群的角度分析 Wiki 社群的形成要素，提出了基于 Wiki 社群知识建构与团队学习的模式和实施策略。[②]

其次，作为 Web2.0 的代表，博客具有个人自由表达、知识过滤、积累与分享、深度的交流与沟通等众多功能，成为知识建构的重要平台。张延飞分析了以某教育技术课程博客为平台的协作学习者的知识建构情况，阐释了影响学习者知识建构水平的因素，包括交互方式、学习环境、学习者网络特征、教师网络特征、小组群体意识等方面。[③] 肖曼以博客圈为工具，探讨在博客圈平台上师范生如何开展学习活动。[④] 目前的研究分析了博客平台在支持学习者知识建构中的优势，提出了基于博客的知识建构活动的设计方案。

最后，电子书包不仅仅从形式上替代了传统书包，更促进了知识建构方式的转变，产生实质性的教学意义。张义兵等基于台湾灏奇学习平台，运用知识建构理论在小学四年级的作文教学中进行试验，考察在电子书包平台下学习者创新学习的变化。[⑤] 在电子书包支

---

① 徐梦：《Wiki 支持下的可视化知识建构系统研究》，硕士学位论文，浙江工业大学，2011 年。

② 刘春荣：《基于 Wiki 社群的知识建构与团队学习研究》，硕士学位论文，江西师范大学，2007 年。

③ 张延飞：《利用博客促进知识建构的协作学习模式研究》，硕士学位论文，河北大学，2011 年。

④ 肖曼：《基于博客圈的师范生知识建构的行动研究》，硕士学位论文，华中师范大学，2013 年。

⑤ 张义兵、孙俊梅等：《基于电子书包的知识建构学习——四年级小学生的写作分析》，《中国电化教育》2013 年第 12 期。

持的知识建构中，学习者利用手中的技术工具可以开展多样化的学习活动，便于实现个体知识建构和协作知识建构。

（四）可视化技术支持的知识建构研究

可视化工具不仅可以帮助学习者感知信息和分析问题，还具有支持学习者知识建构的优势。例如，在利用图形化方法促进中小学科学知识建构方面，李红梅以整合了小学科学、小学信息技术和小学品德与社会的 STS 课程为对象，设计了图形化表达的教学框架，包括图形化主题引入、头脑风暴、知识管理或呈现、实地考察、实验设计和图形化汇报交流。①

首先，Silverlight 具有界面效果好、开发效率高、通信能力强等优点，可以弥补目前协作知识建构工具在学习者体验感上的不足。例如，郭丽娜等利用 Silverlight 创建具有文字、图形实时交互的可视化工具，有助于学习者减轻认知负荷，促进深度知识建构。②

其次，MP_ Lab 作为动态的计算机认知工具，可以帮助学生建立形象思维与抽象思维间的联系，引导学生顺利完成两种思维之间的过渡，增强学生理解高度抽象的数学概念的能力。庄慧娟等提出应用 MP_ Lab 促进小学数学与信息技术整合，探讨了MP_ Lab在促进小学数学知识建构中的作用及其教学应用方式③；通过开展教学试验，结合具体案例探讨 MP_ Lab 支持小学数学概念类知识建构的具体方法。④ MP_ Lab 支持小学数学概念类知识建构中，可以促进学生准确理解抽象的数学概念，帮助他们从生活经验中理解事物的本质特征。

---

① 李红梅：《图形化表达：促进小学生知识建构学习》，硕士学位论文，南京师范大学，2012 年。

② 郭丽娜、任剑锋：《基于 Silverlight 的可视化协作知识建构工具的设计与实现》，《电化教育研究》2012 年第 4 期。

③ 庄慧娟、李克东：《应用 MP_ Lab 促进小学数学知识建构的探索》，《中国电化教育》2008 年第 7 期。

④ 庄慧娟、李克东：《利用 MP_ Lab 支持小学数学概念类知识建构的研究》，《电化教育研究》2011 年第 11 期。

最后，概念图以直观形象的方式表征知识，可以呈现思维的过程及知识的关联，引导学生进行意义建构。其中，杨亮涛构建了用概念图促进知识建构的教学模式，并分析了概念图教学案例的教学效果①；鲍贤清提出了基于概念图的协作知识建构教学框架，分析了概念图在协作知识建构中的有效性②；杨玉宝概述了概念图应用在协作知识建构和反思评价中的具体过程，讨论了应遵循的应用原则③；杨玲提出了概念图促进协作知识建构的理论模型，通过验证性研究得出了概念图的应用效果。④ 概念图可以帮助学生以可视化方式理解概念之间的关联，减轻学生开展协作建构的难度，提高学生协作知识建构的效果。

整体来说，知识建构的技术支持研究既包括辨析认知与技术关系的基础理论研究，又涵盖计算机、新媒体和可视化技术支持知识建构的实践研究。需要反思的是，虽然技术为知识建构提供了可行性，但并非知识建构产生的充分必要条件。目前利用信息技术支持知识建构的研究对认知与技术的深层次关系的关注不够，侧重于共享信息、比较信息层次，而在意义建构、检验新知识、应用新知识等方面尚需加强。

四　知识建构的促进策略研究

如何应用信息技术支持知识建构，是信息化环境下知识建构研究关注的重要问题。清楚界定信息化环境下知识建构的影响因素，

---

① 杨亮涛：《利用概念图促进知识建构的研究》，硕士学位论文，华东师范大学，2005年。

② 鲍贤清：《概念图在课堂协作知识建构中的应用研究》，硕士学位论文，上海师范大学，2006年。

③ 杨玉宝：《概念图在协作知识建构中的应用过程研究》，《远程教育杂志》2007年第6期。

④ 杨玲：《信息化环境下概念图在协作知识建构中的应用研究》，硕士学位论文，西南大学，2012年。

针对性地采取促进策略，可以提高学习者的知识建构水平。

（一）知识建构的影响因素研究

在以计算机为代表的信息技术的支持下，知识建构活动除了受到学习者个体因素的影响外，还受到环境、情境、文化、历史等因素的影响，尤其是社会环境和历史文化起着越来越重要作用。

首先，知识建构是学习者获得知识的开放互动活动，受到教师、学习者、教学内容和教学环境等因素的影响。杨惠等在整体层次上判断学习者的交往网络是否影响其高水平知识建构，在个体层次上分析学习者的网络个体属性与其高水平知识建构的相关性，在角色分析层次统计网络中不同角色的学习者对高水平知识建构的贡献情况[1]；比较两个学年不同时期学习者的高水平知识建构情况，判断教师的教学组织行为是否对其起作用以及起多大的作用，发现教师的教学组织行为确实影响学习者高水平的知识建构。[2] 王云等以古纳瓦德纳的知识建构模型为编码依据，采用内容分析法研究学习者的自我效能感、学习动机、成就归因方式和学习风格等个性特征与其知识建构水平的关系。[3] 研究人员通过开展实证研究，探讨了教师、学习者、教学环境和教学内容对学习者知识建构水平的影响等问题。

其次，在虚拟学习社区与知识建构关系的研究中，社会网络位置对知识建构具有重要影响。王陆分析首都师范大学虚拟学习社区中的两门在线课程数据得出处于核心—边缘不同位置上行动者的知识建构特点具有显著差异[4]；田秋艳认为虚拟学习社区知识建构

① 杨惠、吕圣娟、王陆等：《CSCL 中学习者人际交往对高水平知识建构的影响》，《开放教育研究》2009 年第 1 期。

② 杨惠、吕圣娟、王陆等：《CSCL 中教师的教学组织行为对学习者高水平知识建构的影响研究》，《中国电化教育》2009 年第 1 期。

③ 王云、董炎俊：《学习者个性特征对虚拟学习社区中知识建构的影响研究》，《电化教育研究》2013 年第 1 期。

④ 王陆：《虚拟学习社区社会网络位置与知识建构的关系研究》，《中国电化教育》2010 年第 8 期。

主要受到学习者个人、学习共同体、指导者、虚拟学习社区平台等因素综合作用，提出虚拟学习社区中知识建构的促进策略。[①] 由此可见，虚拟学习社区中的学习者因学习方式、角色分工等差异，分别处于核心—边缘的不同位置上，影响了知识建构活动的深入开展。

最后，桌面虚拟实验技术通过计算机的建模、模拟以及对虚拟现实场景的重现，让学习者能形成虚拟实验、虚拟旅行和虚拟训练等新的知识建构方式。陈明明阐述了桌面虚拟实验中知识建构的一般过程、作用层面及基本原则，结合案例分析、学习体验的调查以及教学效用的实证研究，提出了桌面虚拟实验中促进知识建构的策略。[②] 此时，学习者在虚拟环境下的知识建构活动更接近于现实环境中获得的学习体验，在一定程度上以实践的形式开展了知识建构活动。

（二）促进知识建构的策略分析

在知识建构过程中，教师需要在冲突、支持、辩护、评价、引用等方面提出促进策略，以引导学习者开展深层次的知识建构活动，提升学习者知识建构活动的质量。基于对话的教学设计和协作学习过程模型可以引入到信息技术环境中来促进知识建构。针对网络环境下协作学习的困难和问题，柴少明提出提高学生的对话能力、促进学生不同类型对话的产生和发展、培养学生的批判性思维能力、促进协作知识建构的策略。[③]

以计算机为代表的信息技术与具体的学科教学结合起来，可以为知识建构提供重要支持。在利用计算机支持学生学科知识建构方面，庄慧娟等从计算机作为小学生数学认知工具的角度，探讨

---

① 田秋艳：《虚拟学习社区中知识建构的影响因素研究》，硕士学位论文，东北师范大学，2009 年。

② 陈明明：《桌面虚拟实验中学习者知识建构和迁移的影响因素研究》，硕士学位论文，浙江师范大学，2011 年。

③ 柴少明：《CSCL 中促进协作知识建构的策略》，《现代远程教育研究》2012 年第 5 期。

计算机作为演示工具、操作工具和创作工具支持小学数学概念、数学规则和数学思想方法三类知识建构，提出了"对比策略""多感观参与策略""支架策略"等计算机支持小学数学知识建构的应用策略。①

（三）促进知识建构的实践研究

学习环境应该体现对知识建构过程的支持，积极帮助学习者进行知识转化。在学习环境设计方面，周跃良等认为有效的学习支持系统应该使信息技术能够帮助学习者进行适当的信息加工和知识转化，探讨了基于知识转化和意义生成理念设计开发虚拟学习环境的新思路②；高智英开展了促进知识建构的网络课程学习情境创设研究，提出了问题情境、资源情境、活动情境和反思情境等不同学习情境的创设原则、创设策略和实现方法。③ 以知识建构理论为依据，在情境、资源、工具和支架等方面设计学习环境，可以为知识建构活动提供支持。

目前大多数虚拟学习社区的效果似乎并不理想，问题的根源在于交互不深入。针对此问题，王艳艳提出了促进知识建构的虚拟学习社区动物学交互设计，并以"教育技术专题研究"Moodle课程进行了实践检验④；褚金岭以案例研究的方法分析了异步论坛中参与者交流记录的内容，探讨了影响学习者知识建构的因素，并提出促进学习者知识建构的论坛组织结构。⑤ 针对大学生隐性知识建构的问

① 庄慧娟、李克东：《计算机支持小学数学知识建构的研究》，《中国电化教育》2011 年第 2 期。

② 周跃良、林秀钦：《意义生成与虚拟学习环境系统中的知识建构机制设计》，《中国电化教育》2005 年第 4 期。

③ 高智英：《促进知识建构的网络课程学习情境创设研究》，硕士学位论文，河北大学，2007 年。

④ 王艳艳：《促进知识建构的虚拟学习社区教学交互设计》，硕士学位论文，河北大学，2010 年。

⑤ 褚金岭：《促进知识建构的协同学习论坛的研究》，硕士学位论文，华东师范大学，2006 年。

题，樊丹丹开发了 Web2.0 环境下的促进隐性知识建构网络学习平台，并开展实验研究来检验模型及平台的有效性。[①]

整体看来，信息化环境下知识建构的主要影响因素包括学习者、教师、教学内容和教学环境。在知识建构的促进策略中，"对话"和"协作"等方面的研究较多，"冲突""支持""辩护""评价"等方面的研究需要加强。而在促进知识建构的实践研究方面，利用计算机支持学生数学课程知识建构的研究较为丰富，语文和英语等其他学科教学的知识建构研究有待拓展。

值得反思的是，多数研究者根据学科教学的主要特征、信息技术的可能支持以及知识建构的基本原则，提出知识建构的促进策略具有理论上的可行性；而采用设计、评价和修正的迭代循环修正研究相对不足，实践应用效果有待验证。

五　知识建构的教学应用研究

在信息技术的支持下，知识建构的教学应用不断深化。一方面，教学实践活动需要知识建构理论来指导；另一方面，教学实践活动可以验证、完善知识建构理论。二者相辅相成，共同促进知识建构研究的进展。例如，王玉秀借鉴已有的教学设计模式，结合手机移动学习的特点及知识建构的目标，构建了基于知识建构的手机移动学习的教学设计模式，并加以检验。[②]

（一）基于知识建构的教学理论革新

首先，根据知识建构的基本原则，研究人员设计信息技术支持下知识建构的环境和活动。其中，林铭提出基于专题的协作知识建构对课程教学改革具有积极的促进作用，探讨了网络环境下基于专

---

① 樊丹丹：《Web2.0 环境下促进隐性知识建构的学习活动设计与应用研究》，硕士学位论文，西南大学，2011 年。

② 王玉秀：《基于知识建构的手机移动学习教学设计模式研究》，硕士学位论文，沈阳师范大学，2013 年。

题的协作知识建构的教学设计方法[①];庄慧娟等分析信息技术环境下基于数学活动的小学数学概念类知识建构,并辅以案例说明教学设计在数学概念类知识教学中的具体应用。[②] 目前,研究者已经探讨知识建构在革新教学方式中的作用,并从理论框架、模式构建和效果评价等方面设计知识建构活动。

其次,知识建构可以促进大学生学习方式转变,促进学习者知识建构与能力生成是知识构建研究的重要内容。李文光等分析了知识建构与能力生成为导向的认知目标分类理论框架中的维度划分及其依据,对以知识建构与能力生成为导向的教学设计具有理论意义。[③] 针对学习者完成知识建构需要成员观点由发散转向收敛的问题,李鹏等阐释了阻碍收敛过程实现的人为因素和环境因素,从理论层面和技术层面提出了促成收敛的支持策略。[④]

再次,将知识建构的理念引入网络学习交互的研究中,从知识建构角度探讨网络学习交互问题。其中,唐小娟构建了根据知识建构过程的网络学习交互分析体系,并以 Moodle 平台中"现代远程教育"课程论坛为例,分析影响网络学习交互的主要因素[⑤];张雪云根据个人知识建构与协作知识建构的网络交互活动过程,提出了基于知识建构的网络交互活动设计原则及框架。[⑥] 应用知识建构理念分析网络学习交互的影响因素,探讨网络学习交互的过程,有助于优化

---

① 林铭:《网络环境下基于专题的协作知识建构教学设计》,《电化教育研究》2009年第1期。

② 庄慧娟、李克东:《基于活动的小学数学概念类知识建构教学设计》,《中国电化教育》2010年第2期。

③ 李文光、何克抗:《以知识建构与能力生成为导向的教学设计理论中认知目标分类框架的研究》,《电化教育研究》2004年第7期。

④ 李鹏、周明全、黄荣怀:《面向协同知识建构的小组共识形成策略研究》,《中国电化教育》2008年第10期。

⑤ 唐小娟:《基于知识建构过程的网络学习交互分析研究——以 Moodle 平台中〈现代远程教育〉课程论坛为例》,硕士学位论文,浙江师范大学,2007年。

⑥ 张雪云:《基于知识建构的网络课程交互活动设计研究》,硕士学位论文,西北师范大学,2009年。

网络学习交互活动，提升网络学习质量。

最后，在线学习的质量评价是目前大家关注的焦点，评价在线学习的知识建构成为研究的重要内容。赵怡以异步交互工具 BBS 讨论区为平台，提炼出评价在线异步学习中知识建构质与量方面的维度，并检测了指标体系各个维度及总体信度。[①] 随着在线教师培训成为教师培训的新方式，张志娟以英特尔未来教育核心网络课程为例，分析了影响区域性在线教师培训知识建构的因素。[②] 在线学习知识建构的评价研究为指导教师提升在线学习的质量提供了方向，为远程教学研究、设计人员评价在线学习的知识建构过程提供了参考。

总体看来，根据知识建构的基本原则，人们构建了教学活动的设计方法和教学实践的促进策略，为优化知识建构的环境和活动提供了支持。然而，目前教学中知识建构程度问题的研究较少，也缺乏有效的评价标准。如何评价知识建构是否发生、程度怎样、效果如何以及如何优化将成为未来研究的重要内容。

（二）基于知识建构的教学实践优化

知识建构顺应了信息时代的教学要求，对改革教学活动具有重要作用。研究人员不仅关注信息化环境下知识建构的基本理论，而且探索如何利用知识建构理论优化教学实践。

首先，基于知识建构的网络课程设计开发。从知识建构视角建设网络课程，有助于提升学生知识建构的质量。针对网络教学在知识传播与获取方式上与传统教学的差别，杨俊锋认为在网络课程中搭建知识共建平台，提供脚手架辅助学生协作和探究，促进集体知识和能力的发展。[③] 在网络课程设计开发方面，张洪岩等以"国际贸

① 赵怡：《基于知识建构的在线异步学习评价指标体系研究》，硕士学位论文，上海师范大学，2008 年。

② 张志娟：《区域性在线教师培训的知识建构研究：以英特尔未来教育核心网络课程为例》，硕士学位论文，上海师范大学，2010 年。

③ 杨俊锋：《知识建构共同体视角下网络课程的开发与实践》，硕士学位论文，东北师范大学，2006 年。

易英语"课程为例,设计了基于协作知识建构模型的网络课程,提出构建专业英语协作知识建构学习的新模式。① 在网络课程的评价完善方面,陈向东等设计了异步交流知识建构的评价框架,能够直观、快捷地评价异步交流参与者的知识建构。② 基于知识建构来设计开发网络课程,可以整合内容丰富的网络学习资源,开展形式多样的网络学习活动,促进学生通过协作学习发展集体智慧。

其次,网络环境下知识建构活动的设计。其中,专题学习网站成为信息技术支持下知识建构的重要形式。朱永海等开展基于专题学习网站的知识建构研究,提出了知识建构的三个相辅相成的阶段:从"知识共享""知识创生"和"知识共生",阐述了"从共享到共生"的专题学习网站的知识建构的基本内涵和推进策略。③ 赵海霞以大学生"结构化学"课程教学改革为例,探讨了网络环境下基于问题的协作知识建构的内涵、特点、基本要素、相关教学设计活动,构建了网络环境下协作知识建构的教学操作流程,形成多层次集体观点汇聚和多维协作的知识建构④,如图 7 - 2 所示。以专题学习网站开展知识建构活动,可以形成学习者—信息技术—学习内容的良性循环,促进学习者的学习活动从个体之间的"知识共享"走向集体之间的"知识共生"。

最后,基于知识建构理念的传统课程教学的变革。在强调教育改革和知识创新的背景下,知识建构为教育改革提供理论参考。其中,杜明华以小学三四年级学生为实验对象,以 LEGO 初级编程为学习内容,探讨专家知识结构对低龄学习者知识建构的

---

① 张洪岩、赵建华:《基于协作知识建构的专业英语网络课程设计理念——以〈国际贸易英语〉课程为例》,《外语电化教育》2008 年第 7 期。

② 陈向东、赵怡:《基于知识建构的在线异步交流评价》,《中国电化教育》2008 年第 12 期。

③ 朱永海、张舒予:《从共享到共生:基于专题学习网站的知识建构演进与实践策略》,《中国电化教育》2012 年第 12 期。

④ 赵海霞:《网络环境下基于问题的协作知识建构设计与实践——以大学生"结构化学"课程教学改革为例》,《中国电化教育》2013 年第 1 期。

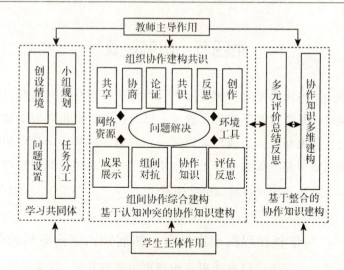

图 7-2　基于问题的协作知识建构教学操作流程

影响[①]；吕楠楠选取小学"科学""信息技术""品德与社会"三门课程来构建小学 STS 课程内容，论述了 STS 课程内容构建的三种模式：学科融入模式、局部整合模式、全盘融合模式。[②] 基于知识建构理念分析传统课程问题，有助于优化传统课程的教学活动，引导传统课程的教学变革。

　　信息化环境下知识建构的教学实践侧重于知识建构活动的学习环境设计和网络课程开发以及将知识建构理念融入传统的课程变革中。为满足学习者的学习需求，信息化环境下知识建构的教学应用研究应该根据不同学科的教学特点，从单纯理论思辨转到实践应用上，通过"实践—反思—再实践—再反思"的研究方式，提升知识建构支持教学改革的效益。

---

　　① 杜明华：《知识建构：LEGO 机器人编程语言学习案例及其意义》，硕士学位论文，华东师范大学，2007 年。
　　② 吕楠楠：《基于知识建构理论的小学 STS 课程内容构建的实证研究》，硕士学位论文，南京师范大学，2012 年。

第四节　研究建议

判断信息化环境下知识建构研究的价值，要看其对教育实践的影响深度，对教育改革的优化效果。目前我国信息化环境下知识建构研究在理论和实践层面均取得了一定成绩，但从知识教学的问题看，仍然需要在继承的基础上反思不足，进一步拓宽知识建构的理论视域，优化知识建构的教学应用效果。

一　与学科课程深层次结合，拓展知识建构应用的范围

虽然相关学者已经将知识建构理论引进到我国，介绍了其基础理论、基本原则和支撑技术等，并实现了一定的本土化发展，但至今仍没有实现与学科教学的实质性结合。尽管庄慧娟等开展了计算机支持下小学数学规则、概念等的知识建构研究，但知识建构在其他学科教学应用中的研究仍然较少，缺乏与学科课程深入融合的系统化研究。

信息化环境下的知识建构研究不仅要为不同学科的知识学习提供方法指导，还要为推动信息技术与课程整合提供理论参考。一方面，要根据学科教学的需要，探讨新的知识建构形式。例如，教学人员打破课程之间的隔膜，放弃各分科教材，由教师、学生和专家组成团队，重新组织教学内容，推动知识建构活动的开展。此时，教师可以根据教学主题承担教学任务，学生能够根据需要灵活选择学习内容。另一方面，教师应用多媒体教学系统、可视化教学系统和移动交互技术等为知识建构提供形式多样、功能丰富的平台，实现新型技术支持下知识建构与学科教学有机结合。例如，人们在将桌面虚拟实验应用于物理学科探究实验的基础上，研究桌面虚拟实验在其他学科知识建构的应用情况，探讨知识建构的影响因素和促进策略。

二　进行开发与实验研究，优化知识建构应用的效果

信息化环境下学习者要实现学习目的，必须懂得知识建构的基本理论，掌握知识建构的方法技巧，并能将其具体化到知识建构的实践活动中。然而，"知识建构理论为知识教学的改革提供了参考性框架，但在具体实践中还需提供详细的操作步骤"。[①] 另外，教师和学生接受知识建构理论需要渐进的过程，开展知识建构活动也需要一定的适应期。怎样通过激励活动来促进师生持续参与知识建构成为需要解决的问题。

"实现知识创新式的教学，还需要在课程思想与方法、教学形式与组织、形成性评价及其实施等方面大胆创新，通过反复的设计实验找到各方面的契合之处。"[②] 研究人员需要深入、持久开展开发与实验研究，以有说服力的实证研究构建教学问题导向的知识建构理论，并通过完善知识建构理论的实验活动，推动知识建构研究植根于教学改革的现实情景中。

三　开展跨文化的知识建构研究，提升知识建构应用的层次

知识建构并不纯粹是个体的反思学习或者伙伴之间的交流协作，还与社会文化息息相关。"单纯的技术或者技术系统更多的是提供了一种给养的学习环境，深层次的信息加工和知识建构仍需要结合社会技术系统展开，依赖于人—机系统和人—人系统的互动。"[③] 借助于信息化平台的知识建构活动吸引着越来越多的参与者，使得知识

---

① 陈斌：《知识建构：认知与技术的融合》，《电化教育研究》2011 年第 6 期。

② 张义兵、陈伯栋、Marlene Scardamalia、Carl Beerier：《从浅层建构走向深层建构——知识建构理论的发展及其在中国的应用分析》，《电化教育研究》2012 年第 9 期。

③ 王佑镁：《信息技术支持知识建构：层次模型与效果分析》，《远程教育杂志》2009 年第 6 期。

建构的主体由原来较为单一的教师群体、学生群体转变为代表不同职业、年龄、地区的学习群体。此时的知识建构活动具备了跨文化的特征。

信息化环境下知识建构的需求目的、技术手段和组织方式等无一不受文化因素的影响。"技术和知识建构整合到学校教学中，带来了以实现个体和共同体的同步发展为目标的新的文化转变。"[1]在此背景下的知识建构研究应该在整合认知科学、教育学、信息科学、文化学等成果的基础上，拓展到课堂、学校、企业、社区、家庭等多元文化的学习情境中，深刻了解学习者知识建构活动中的文化背景，揭示跨文化环境中知识建构的基本理论、影响因素和促进策略等。

---

① 斯琴图亚：《基于活动理论的班级知识建构共同体的社会——认知动态分析》，《电化教育研究》2009 年第 3 期。

第八章　信息技术支持课程群知识
建构研究的现状

　　教师把教学资源发布到网上形成网络课程，让学生通过网络进行学习，将传统的课堂授课模式延伸到网络上，增强了教师与学生之间的交流和互动。

　　网络课程群通过优化网络教学资源来促进高校学科专业的发展，不但关系到学习者个性化学习的需要，而且关系到高校的教学质量。作为新型的网络教学方式，信息技术支持课程群知识建构为学习者提供了更为丰富和全面的知识。

第一节　信息技术支持课程群知识建构的
理论研究现状

　　目前，国外著名的网络教学模式主要体现了不同的网络教学特点[1]，具备信息技术支持课程群知识建构的内涵。第一种是 M. Scardamalia 等提出的 "知识建构共同体"（knowledge – building community）模式[2]。加拿大多伦多大学的 M. Scardamalia 等认为：在知识建

---

　　[1]　郭绘绘：《高校网络课程群建设的现状与对策研究》，硕士学位论文，河南大学，2013 年。

　　[2]　Scardamalia, M. & Bereiter, C., "Computer Support for Knowledge Building Communities", *The Journal of the Learning Sciences*, 3（3）, 1994, pp. 265 – 283.

构共同体中，学习者围绕共同的问题展开探索，并对形成的见解进行点评和丰富，以达到对学习内容的深层理解，旨在利用网络来支持跨课堂的协作性知识建构。第二种是 Harris 设计的"远程协作课题"（tele - collaborative projects）① 的网络教学模式。该模式提出了"活动结构"理论。学习者通过网络平台对某些问题不断进行探索，实现世界范围内的信息搜集与交流，达到跨课程学习的目标。第三种是 M. Riel 的学习圈（learning circle）模式。② 该模式提出由不同地域的学习者围绕同一研究问题，将世界范围内丰富的学习资源连接起来进行协作和研究，从而提升学生应用信息技术整合不同课程知识的能力。第四种是 M. C. Linn 的"知识整合环境"（knowledge integration environment）模式。③ 网络课程不应是孤立的，而应是整体性的课程。M. C. Linn 设计了基于网络的"知识整合环境"的教学模式，以帮助学生利用互联网上的资源进行科学探究，形成对科学概念和原理的整合性理解。

后现代课程学者威廉·E. 多尔（W. E. Doll）认为：我们的教育系统应该是开放的、多元的、后现代主义的系统，应该把内容相近的有关课程组合在一起，使课程体系的内容更具丰富性和多元性。④从国外的研究现状来看，已经形成了科学、稳定的网络课程开发模式，把网络应用到课程群中是可行的。

在中国知网的"中国学术期刊全文数据库"中，如果单纯搜索"课程群""网络课程""网络教学"等关键词，发现相关的研究文献比较多；如果把"课程群"与"网络"结合起来搜索"网络课程群"，

---

① Harris, J., "Organizing and Facilitating Telecollaborative Projects". *The Computing Teacher*, 22 (5), 1995, pp. 66 – 69.

② M. Riel. *Global Education through Learning Circles*. MIT Press, 1993.

③ M. C. Linn., "Designing the Knowledge Integration Environment". *International Journal of Science Education*, 2000 – Taylor & Francis.

④ William E. Doll., *Post-Modern Perspective on Curriculum*, Teachers' College Press, 1993, p. 32.

检索出来的文献相对很少。目前，我国信息技术支持课程群知识建构的研究尚处于起步阶段。如《中国电化教育》《电化教育研究》《中国远程教育》等发表的课程知识建构和网络课程建设相关的论文居多，侧重在网络课程教学内容设计、技术开发和学习支持服务系统的建设方面。而与信息技术支持课程群知识建构相关的文献则相对较少，而且研究的视角比较单一；通常将研究的侧重点放在如何设计或者建设的经验上，很少关注如何合理规划与管理网络课程群。

一　多媒体资源支持的课程群知识建构

辛舟等结合包装工程专业课程的特点，开发了包装工程专业课程群多媒体课件；以演示型和启发式教学方式作为多媒体课件的开发思路，选择 Authorware、PowerPoint、Flash 5、Delphi、PhotoShop 为制作工具，构成以课程群为系统的资源共享平台。[①]

施珺等提出了课程群网络智能平台的教学模型（智能化的网络课件生成系统和具有自主性的网络学习平台），提供教与学智能化双向信息交换的学习环境。网络课件生成系统主要是为各门课程的统一教学成果提供开放的接口，通过该系统接口教师可以随时增加和修改教学成果，丰富网络教学资源；并给出了系统的设计实现模型，为解决各门课程的网络课件之间的信息融合沟通、相互衔接提供了可行性论据。[②]

马晓绛通过采用学习对象、学习设计规范、领域本体等技术，运用 XML 语法把课程群知识表示成具有规范结构和通用的文本书件，从而达到灵活机动的构建教学所需的可重用性高、互操作性好、针对性强、易于更新、易于组织的课程群的要求。[③]

冯尚春等针对马克思主义理论课课程结构和体系设置的单一性、

①　辛舟、龚俊等：《基于包装工程课程群的多媒体课件开发》，《包装工程》2004 年第 25 期。
②　施珺、尹琦：《课程群网络智能教学平台构建浅析》，《高教论坛》2006 年第 5 期。
③　马晓绛：《基于学习活动的课程群知识库的构建研究》，硕士学位论文，苏州大学，2007 年。

随意性问题，提出以必修课为基础的选修课程群，并建立以主讲教授为主的骨干教师队伍，成立以资料室和多媒体室为主的信息采集中心，为马克思主义理论延伸课程群知识建构提供信息服务。①

刘丽珍等分析了精品课程群的教学特点以及相互之间的逻辑关系，探讨了精品课程群知识建构对专业发展的促进作用和建设智能信息处理精品课程群的思路，并从科学性和先进性入手，通过改革教学内容、构建课程体系、建设师资队伍等来建设精品网络课程群。②

二　网络平台支持的课程群知识建构

许世军等阐释了当前高校课程群知识建构的现实情况，并分析了课程群与精品课程建设的关系，在此基础上以网络课程群为平台，以网上主干精品课程为核心，来建设大学物理网上教学系统；以网上主干精品课程为核心，建设网络课程群平台，促进课程群优化整合，实现低成本下的教学资源充分利用和优化，符合一般院校教学条件和学生的要求。③

赵青松等根据南京农业大学电子商务专业的特点，用课程群的方法重新规划相关课程，制定了网络课程群的整体建设目标和教学计划，从而以网络课程群的方法培养电子商务人才。④

丁志斌等指出英语专业网络课程群资源建设应遵循系统工程的模式，以达到最优化设计、最优控制和最优管理的目标；重点阐述了英语专业网络课程群资源建设的技术规范和技术要求，立足于整

---

① 冯尚春、王迎春：《高校课程群建设研究——以马克思主义理论延伸课为例》，《教育理论与实践》2010 年第 8 期。

② 刘丽珍、王函石、王旭仁等：《智能信息处理精品课程群建设思考》，《计算机教育》2012 年第 18 期。

③ 许世军、任小玲：《基于课程群建设的大学物理网上教学系统研究》，《教育与职业》2006 年第 30 期。

④ 赵青松、梁敬东：《管理类电子商务专业网络课程群探讨和实践》，《高等农业教育》2009 年第 2 期。

个群体来优化教学资源，改进教学方法，激发学习者自主学习知识和技能的积极性。①

康艳红提出：利用现代教学资源网络化和信息化的特点，对校园数字化网络教学平台中各网络模块（资源库管理模块、学习支持模块、教师教学支持模块等）的内容、功能和权限进行规划，利用网络的开放性来实现学生的自主学习和个性化发展，并在具体的教学实践过程中让师生共同参与网络课程群建设。②

三　新媒体支持的课程群知识建构

熊芳分析了网络课程、网络课程群、博客三者之间的区别和联系，探讨了基于博客的网络课程群的定位和具体应用，然后阐述了基于博客的网络课程群的设计与实现。③ 李毅超等分析网络课程群中核心课程的教学内容，提出以信息安全专业建设为特色定位，以基础概念原理为核心，扩展课程为外延的、层次化的计算机网络课程群教学体系。④

综上所述，目前关于信息技术网络课程群知识建构的理论研究多以某一学科为例进行，而且仍停留在课程之间的融合以及资源的最优化上，还未提出明确的网络课程群知识建构方案和评价体系，难以实现提高教学质量的目的。在网络课程群建设中，人们较多关注网络课程群实践的具体现象，而忽略了解决实践问题的指导理论。如果仅仅关注课程群知识建构的具体现象，而不研究课程群

---

① 丁志斌、李茂莉：《英语专业网络课程群资源建设模式与途径》，《现代教育科学》2010 年第 5 期。

② 康艳红：《〈环境化学〉网络课程群建设的方法与实践》，《沈阳师范大学学报》（自然科学版）2011 年第 3 期。

③ 熊芳：《基于博客的电子商务专业网络课程群的设计与实现》，硕士学位论文，湖南大学，2007 年。

④ 李毅超、曹跃等：《信息安全专业计算机网络课程群建设初探》，《实验科学与技术》2008 年第 3 期。

的深层次问题，就难以引导课程群实践的有效开展。

第二节　信息技术支持课程群知识建构的
实践应用状况

总体来看，某些高校利用不同的制作平台（如 Flash、博客等），采用不同的模式，建设了符合本专业特色的网络课程群，并实现了教学资源的充分利用和优化。大多采用精品课程带动课程群的思想。其中，课程群中包含的各网络课程都采用相似的界面设计、模块设计，让学习者适应网络课程群的学习。

一　地理类专业网络课程群建设

南京师范大学主要针对地理信息系统专业或相近专业的本科生或者研究生，设计地理信息系统专业网络课程群。[1] 该网络课程群包含了测量学、地理信息系统、地理建模、遥感概论、数字高程模型、遥感地学分析、地图学、GIS 集成原理与方法等课程；主要的制作工具有 Microsoft PowerPoint、几何画板、Flash 等；建设方法为网络课程群先将核心课程创建成精品课程，然后分批带动建成了由 20 门课程组成的 GIS 专业网络课程群。此网络课程群以信息量大、更新快、形式灵活和资源丰富，取得了很好的教学效果，并于 2007 年获江苏省高校多媒体教学课件一等奖。

二　英语专业的网络课程群建设

西北师范大学外国语学院建立了英语专业网络课程群。针对研究生建设了英语语言文学和心理语言学两门网络课程，针对本科生建设了"英语翻译"、"英语写作"、"英语报刊选读"、"英语教育

---

① 江苏省高校多媒体教学资源网，http：//cc.njnu.edu.cn。

学"和"英语词汇学习"等网络课程；利用 Google 提供的一系列服务（电子邮件、文档协同编辑、博客、在线日历、及时交流、群组论坛等）建设了模块化网络管理系统，包括互动交流协作模块、资源管理模块、教学日程管理模块、课程管理模块。该网络课程群整体上采用了资源支持型和群组支持型两种网络教学模式。其中，资源支持型的网络教学模式指教师利用平台上的各种工具来为学生开发各种资源；学生在学习过程中，教师以指导者的身份出现；学生可以利用平台上的各个模块工具来自主地学习并随时与教师交流。群组支持型的网络教学模式指利用论坛、博客和即时交流工具（IM），通过教师和学生之间的共同反思、互动、写作和群体智慧来完成教学任务。该课程群根据英语专业课程的特点，借助网络平台探索适应于英语专业网络课程的教学模式。

温州大学外国语学院建设了精品课程群网站，① 为英语专业学生提供了优质的教学资源与相互交流的平台。该网站实现了优化教学结构、重构课程体系；优化教学内容、重修教学大纲；优化教学环境、丰富教学资源；优化教学方法、提高教学效率等目的。

三　医学专业的网络课程群建设

井冈山大学医学院的预防医学网络课程群主要包括"预防医学"网络课程、"临床营养学"网络课程、"医学统计学与流行病学"网络课程。每一门网络课程大致都包括教学大纲、考试大纲、电子教材、电子教案、多媒体课件、作业习题、实验指导、参考文献、自测平台、课堂录像等部分。

四　化学专业的网络课程群建设

仲恺农业工程学院构建了大学基础化学网络课程群，集成内容

---

① 《英语教学法精品课程群》，http：//jpkc. wzu. edu. cn/met/。

包括理论、实验两大体系和无机及分析化学网络课程、有机化学网络课程以及通用化学实验技术网络课程三大模块。该网络课程群打破了传统基础化学教学中理论教学和实验教学绝对分明的教学结构，构成了理论教学和实验教学互动的学习平台。

该网络课程群不仅有学习内容的导航，还有学习方法的导航，蕴含了"授人以鱼，不如授人以渔"的现代教育思想，已经得到校内外的广泛认可。校内外每年有上万人利用该网络课程群进行学习和信息检索，取得了显著的社会效益。

五　教育类网络课程群建设

温州大学根据现代教育技术模块内容和学习需求，2003 年建设了专业课"信息技术与学科教学整合"省级精品课程，2004 年建设了专业课"教学系统设计"省级精品课程，2008 年建设了专业课"教育技术学导论"省级精品课程。2007 年将公共课"现代教育技术"建设成为省级精品课程，与其他三门省级精品课程共同构成"省级精品课程群"。四门省级精品课程构成的"现代教育技术"精品课程群，支持了"现代教育技术"课程的教学，同时使校外在职教师有了学习教育技术的机会。

在生物教师教育方面，福建师范大学生命科学学院以 SiteWeaver TM—CMS 作为课程群的网络平台，构建了生物教师教育的网络课程群[1]，并开展教学案例主题分析和整合教学资源来实现教学课程的网络化。在实际的应用过程中，该网络课程群既培养了学生的教师技能，又推动了教师教育课程的建设。

六　经济学类网络课程群建设

济南大学管理学院构建了营销管理课程群"市场调查与预测"，

---

[1] 俞如旺：《生物教师教育课程体系及其网络课程群的构建与实践》，《实验室科学》2012 年第 4 期。

如图 8-1 所示。该课程群以培养综合调研技能为主线，形成了包括"五大内容""五项专项能力""一个综合能力"的"551"教学内容体系。五大内容主要包括：（1）市场调查概述，培养学生的市场认识能力；（2）市场调查设计，培养学生调查设计能力；（3）市场调查方法选择，培养学生的信息搜集能力；（4）市场调查资料整理与分析，培养学生资料整理与分析能力；（5）市场预测概述与市场预测方法，培养学生市场预测能力。

在电子商务专业方面，南京农业大学根据本校电子商务专业的特点，采用课程群的方法，通过协调课程群内各门课程的关系，以实现网络课程群的建设。①

图 8-1　济南大学管理学院构建了营销管理课程群"市场调查与预测"的网站

七　交通信号类网络课程群建设

在交通系统方面，南通大学交通学院以培养不同交叉学科专业学生在智能交通集成方面的设计、研发、安装集成和维护为目标，

---

① 赵青松、梁敬东：《管理类电子商务专业网络课程群探讨和实践》，《高等农业教育》2009 年第 2 期。

构建以计算机软件基础、电子技术基础、交通基础理论、智能交通技术、交通控制集成系统、智能交通综合实验为基础的课程群。该课程群依托真实的项目，将多门课程所涉及的相关知识点串联起来，优化整合教学和实验内容，在修订教学和试验大纲的基础上，通过改进课程教学方式、课内外作业设计、整周实践环节等途径加以实施。[①]

八 计算机专业的网络课程群建设

北京交通软件学院与软酷网合作依托智慧教育平台建设了面向对象与交互式应用综合实践课程群、计算机应用与编程综合实践课程群、算法与数据结构综合实践课程群、操作系统与数据库应用综合实践课程群、软件系统构思综合实践课程群 5 个网络课程群。每个课程群都包括实践课程、技术专题、微案例和案例 4 个模块。每个课程群依照一定的具体目标，针对特定的教学对象，学习周期为 16 周。

首都师范大学信息工程学院的智能科学与技术专业开展了"智能信息处理"的精品课程群[②]，建立了规范的课程群教学体系，制订了合理的智能科学技术人才培养方案，在教学改革、教学质量和培养人才等方面起到了促进和示范作用。南京航空航天大学计算机与技术学院根据目前研究生计算机网络教学的现状，提出了计算机网络课程群实践体系[③]，着重培养研究生发现和解决问题的能力。南京师范大学计算机科学与技术学院在阐述计算机网络原理及相关课程内容的基础上，提出了"网络主导、课程协同、情景教学、综合应

---

① 魏明、堵俊、吴晓、孙博：《面向应用技能型人才培养的智能交通系统集成方向课程群建设研究》，《教育教学论坛》2014 年第 17 期。

② 覃永新、蔡启仲、陈文辉、林川：《微机与嵌入式系统精品课程群建设的研究与探索》，《中国科技信息》2008 年第 20 期。

③ 燕雪峰、陈兵等：《研究生网络课程群实践教学体系研究》，《计算机教育》2011 年第 23 期。

用"的网络课程群知识建构模式①，旨在提高网络课程之间的联系，
增强学习者以系统的理念解决实际问题的能力。

　　哈尔滨师范大学计算机科学与信息技术学院以培养优秀的网络
工程师为目标，从课程体系、师资团队、教学方法、实验教学和工
学结合5个方面阐释了计算机网络课程群建设的改革思路和实践经
验，如图8-2所示。该网络课程群强化了网络教学的先进性和实践
性，为培养具有网络应用能力、工程实践能力和创新能力的计算机
特色人才提供了条件。②

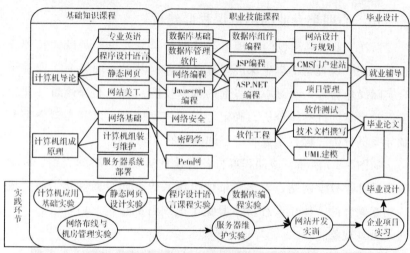

图8-2　哈尔滨师范大学计算机科学与信息技术学院的计算机网络课程体系

　　北京工业大学建设了网络与网络安全课程群，主要培养信息安
全系本科生在网络与网络安全方面的理论基础与实践能力。该课程
群要求学生掌握网络和网络安全基本知识，学会规划网络与配置网
络，并具备使用防火墙、VPN、病毒防治等工具维护网络安全的能

---

　　①　孙燕、曲维光、吉根林：《网络课程群综合实验教学平台的构建与实施》，《计算机教育》2010年第23期。

　　②　盛琳阳：《面向能力培养的计算机网络课程群建设研究》，《计算机教育》2013年第14期。

力。在课程教学内容安排上，课程群充分体现由易到难、由浅入深的教学规律，注重理论与实践相结合。电子科技大学计算机科学与工程学院提出了以信息安全专业建设为特色定位，以基础概念原理为核心、以扩展课程为外延、层次化的计算机网络课程教学体系；并阐释了课程群教学体系中核心课程的教学内容定位及其教学重点与疑难点，推荐了计算机网络课程群的教学手段、方法和资源。

九 心理类专业的网络课程群建设

浙江工业大学建设的心理咨询类课程群主要思路是以"精神分析学理论"课程帮助学生深层理解来访者；以"心理咨询"课程结合实际操作训练，学习心理咨询的基本技能；以"心理诊断"课程学习对个案进行具体分析，确定个案的咨询方向；以"心理咨询与辅导案例分析"课程掌握心理咨询流派的主导思想。

如图 8-3 所示，该课程群将各门课程从教材、教学大纲、教学方法设计、教学网站、教学质量评价体系等方面全面优化，使之成为相互融合的一体化课程群，避免了出现目标错位、内容重叠、方法矛盾等现象。

图 8-3 浙江工业大学心理咨询类网络课程群

十 数学类专业的网络课程群

在数学专业方面，青岛科技大学使用现代化的教学技术，整合"高等数学""概率论与数理统计""线性代数"，并建设了大学公共数学精品课程群。[1] 该精品课程群提高了教学资源的利用率和教学效率，使之相互融合，共同发展。

此外，江苏畜牧兽医职业技术学院动物防疫与检疫专业、徐州建筑职业学院计算机网络技术专业、兰州理工大学的计算机科学和技术专业、辽宁机电职业技术学院自控系自动化技术专业等也都建立了网络课程群。其中，"民商法学"课程群与温州网—温州论坛—律师在线建立了长期的合作关系，给学生提供了运用所学知识在线解答法律咨询的机会和情境，引导学生通过中国法院网、中国民商法律网、杨立新民商法网等优秀法律网站的网络教学资源学习民商法学。

综上所述，不同高校根据学科专业的需要和人才培养的特点，利用不同网络平台建设了符合专业特色的网络课程群，而且取得了初步的成效。但目前的实践研究多集中于网络课程群的教学内容组合方面，如何合理规划与设计开发网络课程群的研究则相对单薄。如何根据课程群的基本原理，提高网络课程群的质量已成为亟须关注的问题。

把内在逻辑相关的网络课程放在一起只是粗浅的第一步，只有这些课程相互整合优化，才能成为有机的网络课程群，"由原来的相互隔离转变为相互贯通，由原来的相互重叠转变为相互补充，由原来的相互矛盾转变为相辅相成"[2]。面对当今社会对复合型人才的需求，人们需要组建和优化跨学科的网络课程群。

---

① 《青岛科技大学数理学院》，http：//sl.qust.edu.cn。
② 范钦珊：《面向 21 世纪的系列课程建设》，《中国高等教育》1997 年第 3 期。

第九章　网络课程知识建构的分析框架[①]

随着网络课程、精品课程、视频开放课程等不断涌现，门数众多、形式多样、内容交叉的网络课程如何联系起来、相互支持，以提升教学的综合效益，成为网络课程设计开发与教学应用的重要问题。

为促进不同网络课程的协同创新，可以按照学生的能力培养目标，打破传统课程内容的归属性，把内容联系紧密的网络课程作为课程群进行建设。"网络课程群指使用计算机技术和互联网所实现的本专业或跨专业培养方案中若干门在知识、方法、问题等方面有逻辑关系的课程加以整合而成的网络课程体系。"[②] 网络课程群以网状模式突破网络课程间的区别，将不同课程的教学内容、教学方法横向交叉渗透，实现不同网络课程的协同创新，既促进单门网络课程教学效果的提升，又实现不同网络课程的互相补充、相得益彰。

目前的网络课程群研究侧重于总结课程群知识建构的实践经验，关注具体网络课程群的建设案例，而较少关注网络课程群的深层次理论，尚未明晰网络课程群的知识建构关系。因此，当前特别需要从学术角度深化课程群知识建构的理论研究，以便有效指导课程群知识建构的实践活动。分析网络课程群的知识建构关系，有助于阐

---

① 本章主要内容发表在《现代远程教育研究》（CSSCI 来源期刊）2014 年第 2 期。

② 熊芳：《基于博客的电子商务专业网络课程群的设计与实现》，硕士学位论文，湖南大学，2007 年。

释网络课程群的内在规律，提高网络课程群的应用效果，引导网络课程群的建设实践。

第一节 网络课程群的特点分析

在网络课程种类不断增多、内容不断丰富的背景下，发挥网络课程群的知识建构特点，有助于高校整合网络课程资源，推广普及优秀的教学成果；有益于提高网络课程群的教学效果，促进网络课程群的可持续发展。

一 整合不同网络课程知识，优化课程教学活动

伴随同类课程数量的不断增加，知识雷同、内容重复等问题难以避免。传统的网络课程理论侧重于将网络课程看作为静态的知识体系，较多关注单门网络课程的设计开发与教学应用状况。而网络课程群可以打破单一网络课程视角的局限认识，有助于人们思考网络课程之间的关系，促进相关网络课程的整体提高。网络课程群可以优化与整合不同网络课程，"使课程设置、课程内容、教学设备、师资队伍、教学思想、教学方式方法等在教学系统中更好地得到优化，从而达到加强联系、减少重复、压缩课时、增加效果、调整整体优化的功效"[1]，如表9-1所示。

表9-1 网络课程与网络课程群的比较

对象 因素	网络课程	网络课程群
概念	通过网络表现某门学科教学内容及实施教学活动的总和	把内容联系紧密、内在逻辑性强的某类网络课程作为课程群来建设
内容	网络课程的内容仅局限在某一具体学科范围内	突破了网络课程的学科门类限制，实践跨学科、跨门类的网络课程组织

[1] 吴开亮：《关于高师院校课程群建设的探讨》，《江苏高教》1999年第6期。

续表

因素＼对象	网络课程	网络课程群
功能	提供课程的多媒体资源，实现网络化教学管理	弱化不同网络课程的独立性，强化网络课程之间的亲和性
教学	网络课程的章节顺序是循序渐进的，组织教学时应该强调计划性和顺序性	不同网络课程的内容具有相对独立性，组织教学时不强调严格按部就班的顺序式掌握
特点	易于学科教师开展单门课程的教学，具有个性化、多媒体化、交互性和开放性的特点	不同网络课程的教学内容不重复、知识点之间相对联系，促进跨课程的网络学习

单门网络课程与其他网络课程交叉互补，成为知识创新的重要方式：某一网络课程的教学内容影响其他网络课程的知识学习，而其他网络课程的知识内容又改变着此课程的知识建构效果，最终促进整个网络课程群的知识创新。在理论方面，丁志斌、李茂莉提出：网络课程群的基本思想是把内容联系紧密、内在逻辑性强、属同一个培养能力范畴的同一类网络课程作为一个课程群组进行建设，并打破课程内容的归属性，从技能培养目标层次把握课程内容的分配、实施、保障和技能的实现。[①] 在实践方面，仲恺农业工程学院构建了大学基础化学网络课程群，集成内容包括理论和实验两大体系以及分析化学网络课程、有机化学网络课程和通用化学实验技术网络课程三大模块。此网络课程群打破了传统基础化学教学中理论教学和实验教学绝对分明的教学系统，构成了理论教学和实验教学互动的学习平台。

二　支持跨课程的网络学习，提升学生学习的效果

课程变革要符合学生身心发展的整体性，各门课程应该相互协调。三门以上的性质相关或相近的单门课程交叉融合而形成课程群，

---

① 丁志斌、李茂莉：《英语专业网络课程群资源建设模式与途径》，《现代教育科学》2010 年第 5 期。

实现了课程间的相互连接、相互配合，成为提高教学效果的重要途径。"课程群的建设有利于培养学生严谨的科学态度、严密的逻辑思维能力和科学的世界观，也可以提升学生的判断能力、分析问题的能力和决策能力。"[①]

网络课程群是在网络技术支持下对传统课程群的优化和改造，既弥补了传统课程群的缺点，又增强了传统课程群的优势，如表9-2所示。网络课程具有网络环境的开放性、学习资源的共享性和信息传递的时效性，能够实现不同网络课程"由原来的相互隔离转变为相互贯通，由原来的相互重叠转变为相互补充，由原来的相互矛盾转变为相辅相成"。[②]

表9-2 传统课程群与网络课程群的比较

因素＼对象	传统课程群	网络课程群
概念	通过相关课程的有机集成和系统化，优化学科资源	网络课程的教学内容具跨学科、跨课程特点，不同网络课程互联互通
构成	由三门以上的性质相关或相近的单门课程组成的，具有培养学生综合解决问题能力的功能	整合不同网络课程的教学内容，增强不同网络课程知识的联系
特点	在传统教学环境中，实现不同课程之间相互连接、相互配合	网络技术支持不同课程的重新组织，人们可以以灵活多样的方式开展网络课程群教学活动
功能	以跨专业、跨学科和跨课程的方式支持复合型人才的培养	促进不同网络课程的互联互通，整合了不同课程的教学内容，提升了网络课程的整体效果

网络课程群整合不同网络课程的知识内容，有助于增强学生的知识创新与应用能力。学生可以根据自己的专业、兴趣爱好、知识水平等，融会贯通所学知识，提高知识学习效果。网络课程群通过集成不同网络课程，优化了学科资源，适应了学习者个性化学习的需要，符合当今社会对复合型人才的需求。

---

① 赵朝会：《浅谈课程群建设》，《中国科教创新导刊》2008年第14期。
② 范钦珊：《面向21世纪的系列课程建设》，《中国高等教育》1997年第3期。

三 促进学习不同学科知识，支持教师专业发展

以网络课程群形式开展课程教学改革与创新，打破了不同院系之间以及院系内部不同课程教师之间的隔膜，使教师拥有了相互交流与探讨的平台，促进教师学习不同课程的知识，有助于教师团队的共同发展。作为课程群知识建构主体的教师应具备将课程内容融合的能力，不仅限于熟悉或精通某门网络课程的内容，还要学习不同网络课程的相关内容，以剔除课程之间重复的知识内容，提高网络课程群的教学效果。

在网络课程群的知识建构活动中，不同学科背景教师需要发挥各自的优势和长处，不断更新教学内容，改进教学方法，建设优质的网络资源，从而更深入研究并解决课程教学中的问题。例如，温州大学将专业课程"信息技术与学科教学整合""教学系统设计""教育技术学导论"和公共课程"现代教育技术"联系起来，构成"省级精品课程"的网络课程群，既为校外在职教师提供学习教育技术相关课程的机会，又支持了校内教育技术学教师团队的交流互动。

第二节 网络课程群知识建构研究的反思

鉴于网络课程群知识建构方式的多样性、复杂性，为便于开展研究，在研究资料的选择和使用方面主要侧重于高校网络课程群，但研究结论也在一定程度上适用于中小学、职业院校、民办学校等学校的网络课程群。

一 课程群知识建构研究侧重于经验的陈述，尚未洞察不同课程的知识关联

我国以课程群知识建构为主要方式的课程改革日渐深入，课程群规划、课程群团队组织以及信息平台如何支持等成为课程改革的

重要内容。我国的课程群知识建构研究在借鉴国外生态课程思想的基础上，开展了基于学科专业的实践探索。

在国外，不少学者将生态和课程联系起来，认为课程设计应该具有整体性。1982 年，卡普拉（Capra）提出用生态学的视野看待和设计课程。随后，J. P. 米勒（J. P. Miller）提出"整体性课程"，D. 奥里佛（D. Oliver）探讨课程"相关多元性的统一"问题。① 1994 年大卫·帕金斯（David N. Perkins）提出元课程理论，探讨如何通过课程整合的方式，促进学生思维的发展。② 2004 年，后现代课程学者威廉·多尔（William Doll）根据生态学领域的复杂理论，构建了"4R"新课程标准：丰富性（Richness）、循环性（Recursion）、关联性（Relation）和严肃性（Rigor）。③ 2008 年，斯拉瑞特从文化角度分析课堂生态问题，分析了课程教学的"生态模式"。

在国内，课程群知识建构研究侧重于归结具体学校或具体课程的实践状况，基本上属于经验的总结。主要包括四个方面：（1）阐述课程群的概念内涵、结构布局和资源配置等理论。如郭必裕以课程群内涵分析为切入口，以课程群构成的学科内容为主线，通过课程群知识建构中的课程内容的变化，揭示课程建设中的融合与分解规律④。（2）阐述具体学科专业课程群的建设方案。如杨继美等针对现代体操运动的发展与体育教育专业课程改革的需要，系统规划了体操课程群的内容、开设的时序、课程性质与权重等，思考了体操课程群的教学理念、教材编写、教学内容等方面⑤。（3）总结同类高校课程群知识建构的经验。如陆为群论述了高师院校课程群知识建构的原则

① 李臣之：《后现代主义课程理论试探》，《教育科学》1999 年第 1 期。
② 赵慧臣、何媛：《美国大卫·帕金斯的元课程理论解读》，《上海教育科研》2009 年第 7 期。
③ 张玉欣：《后现代视角下的高职精品课程建设》，《教育与职业》2012 年第 5 期。
④ 郭必裕：《高校课程群建设中课程内容融合与分解的探讨》，《现代教育科学》2005 年第 2 期。
⑤ 杨继美等：《体育教育专业"体操课程群"的建设构思》，《山东体育学院学报》2006 年第 6 期。

和策略等问题①。（4）课程群视野下某门课程的教学改革。如秦剑等针对现阶段高等工程专业实践教学环节普遍存在的不足，提出基于课程群的电子信息工程层次化实验体系，描述了新体系的构建思想、实施方案及其构建过程中需要注意的主要问题，为其他高校在同类实践教学改革方面提供了新的思路等。②

单门课程与其他课程交叉形成课程群，不仅是课程研究的组成部分，而且是知识创新的重要来源。然而，目前的课程群知识建构研究尚未深入研究不同课程之间的知识关联，洞察知识生长的机制，挖掘知识创新的源泉。因此，尽管课程群的理论研究可以为网络课程群知识建构提供参考，但无法提供有效指导。

二　网络课程群的理论研究：基于经验总结，面向具体学科

在理论层面，网络课程群知识建构研究侧重于课程之间的融合以及如何实现它们的网络化，以促进资源的充分利用和优化；多以某一专业或学科为例来介绍具体的课程整合过程及网络课程群的建设。

（一）构建交叉互补的课程关系。

如熊芳提出网络课程群知识建构应该打破课程内容的归属性，弱化课程的独立性，强化课程之间的相互联系。③ 康艳红认为若要充分利用现代资源网络化与信息化的特点，使教学内容具有明显的时代性、先进性，关键在于协调课程之间的关系，弱化不同课程的独立性，强化课程之间的亲和性。④

---

① 陆为群：《高师院校课程群建设的原则和策略》，《黑龙江高教研究》2007 年第 11 期。

② 秦剑、胡晓、唐冬：《基于课程群的电子信息工程创新实验体系改革探索》，《实验与管理》2012 年第 4 期。

③ 熊芳：《基于博客的电子商务专业网络课程群的设计与实现》，硕士学位论文，湖南大学，2007 年。

④ 康艳红：《〈环境化学〉网络课程群建设的方法与实践》，《沈阳师范大学学报》（自然科学版）2011 年第 3 期。

（二）以精品课程为基础的建设路径。

如许世军等分析了课程群知识建构模式与精品课程建设的关系，提出以网络课程群为平台和环境，以网上精品课程为核心，建设大学物理网上教学系统的思想；以网上主干精品课程为核心，建设网络课程群平台，促进课程群优化整合，实现低成本下教学资源的充分利用和优化。[①]

（三）倡导系统工程理论的建设模式。

如丁志斌等讨论了英语专业网络课程群资源建设的模式与途径，指出应遵循系统工程的模式进行建设，以激发学生自主学习系统知识与技能训练的积极性，达到最优化设计、最优控制和最优管理的目标。[②]

（四）提出常规技术创造应用的方案。

如施珺等提出了课程群网络智能平台的教学模型，包括智能化的网络课件生成系统和具有自主性的网络学习平台，为解决各门课程的网络课件之间的信息融合沟通、相互衔接问题提供了可行性论据。[③] 熊芳阐述了如何运用博客和知识库信息平台实现相关课程之间内容的整合，开展了电子商务专业网络课程群的知识建构研究、功能设计以及博客系统的总体设计。[④] 丁志斌等提出了网络课程群知识建构的技术规范，将英语专业网络课程群资源分为四个层次：素材类教育资源建设、网络课程库建设、课程资源管理系统开发和通用远程教学系统支持平台的开发。[⑤]

---

① 许世军、任小玲：《基于课程群建设的大学物理网上教学系统研究》，《教育与职业》2006年第30期。

② 丁志斌、李茂莉：《英语专业网络课程群资源建设模式与途径》，《现代教育科学》2010年第5期。

③ 施珺、尹琦：《课程群网络智能教学平台构建浅析》，《高教论坛》2006年第5期。

④ 熊芳：《基于博客的电子商务专业网络课程群的设计与实现》，硕士学位论文，湖南大学，2007年。

⑤ 丁志斌、李茂莉：《英语专业网络课程群资源建设模式与途径》，《现代教育科学》2010年第5期。

目前的网络课程群知识建构研究侧重于关注具体学科的网络课程群知识建构案例，而较少明晰网络课程群的知识关联。[①] 因此，当前亟须分析网络课程群的知识建构规律，明晰网络课程群的知识建构关系，以引导网络课程群的设计开发实践，提高网络课程群的知识建构效果。

三 网络课程群的实践开展：关注具体案例，内在关系仍待研究

在实践层面，某些高校已利用 Flash、博客等制作平台，采用不同的方案建设了符合专业特色的网络课程群，在一定程度上实现了教学资源的充分利用和优化。

（一）基于教学经验的课程组织

如 2008 年南京师范大学地理信息系统专业网络课程群主要针对地理信息系统专业或相近专业的本科生或者研究生，利用 Microsoft PowerPoint、几何画板、Flash 等制作工具，先将核心课程创建成精品课程，然后分批带动建成了由 20 门课程组成的 GIS 专业网络课程群。该网络课程群包含了"测量学"、"地理信息系统"、"地理建模"、"遥感概论"、"数字高程模型"、"地图学"、"GIS 集成原理与方法"等课程。

（二）基于感知经验的技术应用

如 2007 年西北师范大学的武和平、姜秋霞等根据所接触的技术情况，利用 Google 的文档协同编辑、在线日历、及时交流、群组论坛等，将已有的"英语翻译"、"英语写作"、"英语报刊选读"、"英语教育学习"和"英语词汇学习"等网络课程组合起来，建设成为英语专业网络课程群。该网络课程群包括互动交流协作模块、资源管理模块、教学日程管理模块、课程管理模块等模块化网络管理系

---

① 郭绘绘：《高校网络课程群建设的现状与对策研究》，硕士学位论文，河南大学，2013 年。

统，形成了资源支持和群组支持的两类网络教学模式。

（三）基于实践检验而缺乏顶层设计的建设路径

例如，温州大学根据课程建设的实际情况，利用已有网络课程组建网络课程群，将 2003 年建设的专业课"信息技术与学科教学整合"、2004 年建设的专业课程"教学系统设计"、2008 年建设的专业课"教育技术学导论"和 2007 年建设的公共课程"现代教育技术"四门省级精品课程联系起来，构成"省级精品课程"的网络课程群。

（四）基于课程思想的网络课程群的组织方式

例如，井冈山大学医学院的预防医学网络课程群主要包括"预防医学"网络课程、"临床营养学"网络课程、"医学统计学与流行病学"网络课程。每门网络课程大致都包括教学大纲、考试大纲、电子教材、电子教案、多媒体课件、作业习题、实验指导、参考文献、自测平台、课堂录像等部分。网络课程群中，不同网络课程均采用相似的界面设计、模块设计，有利于学习者更快适应网络课程群的知识学习，但不同网络课程之间的知识关联仍待强化。

网络课程群建设需要以课程间知识的联系为结合点，把相关的知识点联系起来实现知识的贯通。然而，人们大多都采用精品课程带动课程群的思想，较多关注网络课程群实践的具体现象，而忽略了实践背后的知识建构理论，难以发挥网络课程群的应有成效。

四 网络课程群知识建构研究亟待开展

教育技术领域知识建构研究的纬度多元，形式广泛。目前的研究主要包括以下几个方面。（1）知识建构的基本理论研究。如庄慧娟等从解释的视角，把协作知识建构看作是学习者在不断进行自我解释和与他人交互解释中建构知识的过程，从计算机支持的角度建立了基于解释的协作知识建构过程模型。[①]（2）信息化环境中的知

---

① 庄慧娟、柳婵娟：《基于解释的协作知识建构过程模型》，《现代教育技术》2008 年第 9 期。

识建构研究。如李彤彤等在教师虚拟学习社区的知识建构实证分析中，将知识建构划分为个体知识建构和协作知识建构两个方面，协作知识建构过程，可分为观点表达、观点联结、观点建构三个阶段。[①]（3）基于知识建构的网络学习研究。如陈向东等综合多个在线交流评价的相关研究，设计了具有可操作性的异步交流知识建构的评价框架，能够直观、快捷地评价异步交流参与者的知识建构。[②]（4）知识建构工具的开发与应用研究。如郭丽娜等利用 Silverlight 创建具有文字、图形实时交互的可视化工具，有助于学习者减轻认知负荷，促进深度知识建构。[③]

知识建构已经从个体间的知识分享转向集体间的知识共生，从单门课程的知识学习到多门课程的知识协同。Carl Bereiter 认为：知识建构需要关注思想的持续改进，关注共同体（集体）知识、而不仅仅是个人知识。[④] 张舒予等基于"视觉文化"专题网站，提出知识"从共享到共生"的理念，揭示了信息时代知识建构的趋势：在个体间知识共享的基础上，形成集体知识增长的学习共同体。[⑤] 在从单门课程的知识学习到多门课程的知识协同方面，张义兵等针对知识建构在我国应用中面临的问题，提出把某些分科课程整合为综合课程，形成以知识创造为核心的教学，提高学生学习知识的效果。[⑥]

---

① 李彤彤、马秀峰：《教师虚拟学习社区中的知识建构实证分析》，《电化教育研究》2011 年第 9 期。

② 陈向东、赵怡：《基于知识建构的在线异步交流评价》，《中国电化教育》2008 年第 12 期。

③ 郭丽娜、任剑锋：《基于 Silverlight 的可视化协作知识建构工具的设计与实现》，《电化教育研究》2012 年第 4 期。

④ 朱永海、张舒予：《从共享到共生：基于专题学习网站的知识建构演进与实践策略》，《中国电化教育》2012 年第 12 期。

⑤ 张舒予、朱永海等：《从共享到共生：基于视觉文化专题网站的知识建构新理念》，《现代远距离教育》2012 年第 4 期。

⑥ 张义兵、陈伯栋等：《从浅层建构走向深层建构——知识建构理论的发展及其在中国的应用分析》，《电化教育研究》2012 年第 9 期。

　　网络环境下的知识建构需要学科知识作为支持。近年来虚拟学习社区的集中研究和专题学习网站的快速发展便是针对网络环境下的知识建构问题。然而，虚拟学习社区可以促进集体知识建构，但缺乏针对性的学科知识。张立国通过实证分析指出：在虚拟教学中推广协作学习时，由于缺乏针对性的学科知识，开发者和教师很难在现实情境中规范地设计系统化的、有效的团队协作和小组学习活动。① 尽管专题学习网站的知识建构活动具备学科知识的支持，但往往是单一学科或者课程的知识，跨学科、跨课程的知识建构仍然难以实现。

　　网络课程群的知识建构研究亟待开展。网络课程群与网络课程具有不同的设计理论与教学特点，在知识建构中具有各自的优势。如果仅仅注重单门网络课程的建设，而忽视不同网络课程的内在关联，则容易造成不同网络课程的知识不衔接或内容重复低效等问题。尽管加拿大多伦多大学的 M. Scardamalia 等认为在知识构建共同体中，学习者围绕共同的问题展开探索，有利于利用网络来支持跨课堂的协作性知识建构②；J. Harris 等设计了"远程协作课题"（tele - collaborative projects）③，提出通过网络平台探索、分析对某一研究领域内的问题，实现世界范围内的信息搜集与交流，但针对网络课程群知识建构的研究仍未深入开展。

　　为了提升网络课程群的整体效益，实现不同网络课程知识的共享、共建和共生，需要突破单门网络课程支持学习者知识建构的局限，分析网络课程群中不同网络课程之间的知识协同关系，探索网络课程群知识建构的规律，为设计者设计、开发网络课程群提供理论参考，为学习者学习、应用网络课程群提供重要指导，为管理者

---

　　① 张立国：《虚拟学习社区交互结构研究》，教育科学出版社 2009 年版，第 20 页。

　　② Scardamalia, M. & Bereiter, C., "Computer Support for Knowledge Building Communities", *The Journal of the Learning Sciences*, (3) 1994, pp. 265 - 283.

　　③ Harris, J., "Organizing and Facilitating Telecollaborative Projects", *The Computing Teacher*, 1985, 22, (5), pp. 66 - 69.

选择、推广网络课程群提供判断依据。

总的来说，网络课程群的理论主要侧重于课程之间的融合以及如何实现它们的网络化，以促进资源的充分利用和优化。多数文献以某一专业或学科为例来介绍具体的课程整合过程及网络课程的建设，还没提出网络课程群的设计开发流程以及具体的评价体系。目前关于课程群和网络课程的文献资料较多，但是关于网络课程群的参考文献还较少。

第三节　网络课程群知识建构研究的内容

网络课程群知识建构的过程实际上是不同网络课程如何实现知识融合、分解、创新和应用的过程。因此，可以根据课程群、知识工程和教学设计等理论，探讨网络课程群知识建构的基本规律和实践应用，以优化网络课程群的设计开发，提升网络课程群的育人价值。

一　网络课程群知识建构的分析框架

网络课程群知识建构研究既需要剖析其本体层面的基础条件，又应该探讨其社会层面的实现过程。其中，本体层面的知识建构反映了作为知识系统的网络课程群之间的相互作用，可以作为知识建构的基本要素；而社会层面的知识建构则体现了教师、学习者等获取和应用网络课程群资源进行知识学习，可以作为知识建构的促进要素。

"课程群首先就应该是通过优化课程结构和教学内容，注重知识内容的渗透、融合与衔接，尽量合理避免和解决内容的重复，从而提高课程整合的程度，完善人才培养目标和规格。"[①] 分析网络课程

---

① 允春喜、秦延红：《以课程群为核心的资源优化与人才培养研究》，《科学与管理》2012 年第 2 期。

群的知识建构需要从网络课程群系统与要素的关系出发，充分考虑不同网络课程以及教学体系之间的关系。将网络课程群的教学因素与知识建构的一般过程作为维度，可以形成网络课程群知识建构的分析框架，如表9-3所示。

表9-3　　　　　　　　　网络课程群知识建构的分析框架

知识建构的一般过程 ＼ 网络课程群的教学因素	不同网络课程的教学目标	不同网络课程的教学内容	不同网络课程的教学模式	不同网络课程的教学媒体	不同网络课程的教学评价
第一阶段：信息分析					
第二阶段：观点比较					
第三阶段：合作协商					
第四阶段：知识建构					
第五阶段：意义达成					

二　网络课程群知识建构的模型研究

网络课程群的知识建构不是封闭的系统，而是开放的动态系统。根据 M. Kang 等的观点①，可以把影响网络课程群知识建构的要素划分为：基本要素（知识建构的时空条件）、促进性要素（有效促进知识建构）和持续性发展要素（支持知识螺旋生产），然后具体分析网络课程群的知识建构状况。从知识建构的整体性、关联性和动态性等角度出发，研究网络课程内部、网络课程群之间以及网络课程群与知识建构环境之间的联系，分析网络课程群知识建构的要素、结构和特点，以丰富网络课程群的知识教学活动，提升网络课程群的知识建构效果。

在网络课程群知识建构的模型分析中，人们应该根据网络课程群知识建构的阶段，探讨网络课程群知识建构所经历的自我组织

---

① Kang, M. & Kwon, Y., "A Conceptual Framework for a Web-based Knowledge Construction Support System", *Educational Technology*, 2001 (41), pp. 48 – 53.

（共享/发散）、相互连接（收敛）、智慧结晶（凝聚）和共同创造（共生）的过程，把握在不同阶段网络课程群的知识建构关系及相互作用的机制。

三　网络课程群知识建构的促进策略

网络课程群知识建构需要以不同网络课程的协同作为知识建构的基础、以学习者与网络课程群的互动作为知识建构的实现，探讨网络课程群知识建构的基本规律与支持系统，以促进学习者综合应用网络课程群的知识，提高自身解决复杂问题的能力。在分析网络课程群知识建构的基本规律后，还应该探讨学习者（个体与个体、个体与群体、群体与群体）如何借助于知识建构工具，在"学习者—媒体技术—网络课程群—知识构建"等要素的相互关系中，实现网络课程群学习中的知识共享、协同、构建和共生以及如何采用相应策略来促进知识建构活动。

促进网络课程群的知识建构不是进行简单的网络课程组合，而是需要统筹规划网络课程体系，重新设计和整合网络课程的教学，优化具体网络课程的教学内容，改革网络课程的教学模式。因此，可以根据信息化教学设计的基本原理和主要流程，探索网络课程群知识建构的教学设计，分析不同网络课程在教学目标、教学内容、教学模式、教学媒体和教学评价等方面的内在联系，完善网络课程群知识建构的教学活动，提出网络课程群知识建构的促进策略。

四　网络课程群知识建构的支持系统

在从单门网络课程知识学习到多门网络课程知识协同的过程中，不同学习阶段的组织记忆起到重要的作用，可以作为知识建构的持续性发展要素。因此，人们需要分析网络课程群学习者如何处理产生的创新知识、操作规程、经验技巧和心智模式等，探讨如何应用支持系统将其转化为知识建构的新资源，并采用哪些方式进行知识的过滤和维护，以形成组织记忆的有效机制。

网络课程群知识建构是在老师和学生、学生和学生之间的交流与互动中展开的。学生从网络课程的教学内容和学习资源中分析、归纳、总结出对自己学习有价值的知识，根据不同的学习内容和目标作不同的分类，根据学习的相关主题进行合理组织，找出知识点之间内在的联系，促进知识的创新。根据知识建构"共享—论证—协商—创作—反思"的基本过程，分析知识论坛（Knowledge Forum）、知识空间可视化工具（KSV）和知识建构对话分析工具（KBDeX）等在网络课程群的应用方法，构建网络课程群的支持系统，包括同网络课程的学习过程跟踪和记录系统、学习反馈系统、学习导航系统和学习工具系统等，以促进不同网络课程的知识协同，支持学习者跨课程的网络学习。

在学习环境中，知识建构（个体的、协作的）需要相应的支持条件。信息技术可以为学习者在资源、工具和建立、维持学习共同体以及获取必要的帮助等方面起到重要的支撑作用。[1]

五 网络课程群知识建构的评价方式

网络课程群的学习不仅需要学习单门课程的知识，更应该借助网络课程之间的关系，展开跨课程的知识建构。具体说来，既关注网络课程群单门课程的学习状况，又关注相关网络课程的学习状况。网络课程群知识建构的评价指以学习目标为依据，运用有效的技术手段，测定、衡量网络课程群中学习者知识学习活动的过程和结果，并给予价值判断的过程，即分析学生通过网络课程群的知识建构，促进不同网络课程知识的相互转化，把握网络课程群知识创新与应用的状况。

具体说来，根据网络课程群的访问次数等来判断知识是否受欢

---

[1] 钟志贤：《知识建构、学习共同体与互动概念的理解》，《电化教育研究》2005年第11期。

迎，通过咨询学生在使用后的评价来判断网络课程群的质量，以了解网络课程群知识的获取情况；通过分析网络课程群能否让学生扩大知识面，加深对学习内容的理解，培养批判性思维能力和多角度看问题的能力以及协作精神和人际交流能力，以把握网络课程群知识的共享状况；通过分析学生利用不同网络课程的知识，实现隐性知识显性化和显性知识的内化以及不同网络课程知识的迁移，以把握网络课程群知识的应用与创新状况。

第四节 网络课程群知识建构研究的展望

网络课程群的知识建构研究需要处理不同网络课程内各要素的关系以及与外部环境之间的复杂关系。既要依据经济社会的不断发展对人才培养的要求，又要遵循网络课程教学的主要规律和课程建设的基本原则。网络课程群知识建构研究不仅需要理论上深入分析网络课程群的知识建构关系，而且实践中在课程目标、课程内容、教学团队和课程学习等方面也要体现知识建构的要素。

一 根据经济社会需求，明确网络课程群知识建构的目标

网络课程群知识建构必须了解学习者的真正需要、特点、学习风格，以更好地提高学习者的学习效果。为此，网络课程群知识建构应该以培养经济社会需求的人才为根本目标，以解决经济社会发展问题为出发点，通过不同课程群的协同融合，构建结构优化、效果良好的网络课程群系统。根据人才培养目标和培养规格，对课程体系、课程结构进行设计和探讨，从优化系统结构着眼，注重科学的设置课程，努力减少重复的网络课程内容，既优化了课程结构和教学体系，又使多门网络课程具有相对独立性。

在此过程中，要注意网络课程间的关联，使相应课程群的发展能够紧密联系、相互支持；课程群建设要与具体时空条件相适应，

扶持新兴学科、交叉学科和边缘学科的网络课程群。为此，应该优化不同学科的网络课程群布局，加大与产业紧密相关的网络课程群比重，提高实践应用类网络课程群的比重，推广应用文化科普类网络课程群，让它们在地区经济建设和文化传播中起到积极的作用。

二　构建跨学科团队，开展网络课程群知识建构的研究

网络课程群具有交叉学科的新颖特点，对研究团队有着跨学科的知识要求，以加强网络课程之间的横向联系，满足学生综合能力培养的教学需要。例如，以人才培养为目标导向，根据学科知识建构的需要，建立跨学科的网络课程群；以重大教育改革为结合点，由教师、学生和专家组成跨网络课程群的教学团队；举办跨网络课程群的教学实践，优化不同网络课程之间的相互关系；重新组织教学内容，教师根据教学主题承担网络教学任务，学生根据学习需要灵活选择学习课程知识，从而形成纵横交织、灵活开放的网络课程群知识建构活动。

在网络课程群知识建构的理论研究中，人们可以根据实证调研方法，通过访谈网络课程研究专家、网络教学管理人员、网络课程设计人员和网络课程群学习者，探讨网络课程群的自我组织（共享/发散）、相互连接（收敛）、智慧结晶（凝聚）和共同创造（共生）等情况，分析网络课程群知识建构的影响因素及其作用关系。在网络课程群知识建构的实践研究中，人们可以运用促进策略，提出基于知识建构的网络课程群的设计方法，并将促进策略和设计方法提交给网络课程群设计开发的企业公司和教育部门，跟踪其实施效果，形成更具推广与应用价值的研究成果。

三　应用知识建构理论，引导网络课程群的知识建构研究

在网络课程群知识建构研究中，不仅要考虑单门网络课程自身的体系结构与知识内容，还需要明确不同网络课程群之间的知识关

联，促进知识内容的相互渗透和融合，以此提高不同网络课程综合化的程度。为此，人们需要应用知识建构理论，分析不同网络课程的知识协同关系，以形成内容优化、相互支持的网络课程群体系。

根据知识建构理论的最新发展，网络环境下的知识建构已经从"单门网络课程的知识学习"转向"多门网络课程的知识协同"，从"个体间知识共享"转向"集体间知识共生"。为此，应该把握网络课程群知识建构的基本规律，分析网络课程群知识建构的影响因素，优化网络课程群的知识内容。

四 定性与定量结合的方法，探索网络课程群知识建构的规律

首先，在定性研究方面，采用模型构建法，构建网络课程群知识建构的模型。把网络课程群知识建构中的要素划为基本要素、促进性要素以及持续性发展要素，分析要素之间的关系及其相互作用的机制，构建网络课程群知识建构的模型；针对网络课程群知识建构的现状与问题，根据信息化教学设计的基本模型，提出基于知识建构的网络课程群设计模型。

其次，在定量研究方面，采用社会网络分析法，分析网络课程群知识建构的影响因素。应用社会网络分析法，可以分析网络课程群知识建构中学习者之间连接关系的模式、结构和功能，把握连接关系的强度、密度、对称性和规模等，明确知识建构中学习者的成分、派系、结群等虚拟社会资源构成；量化网络课程群知识建构中的学习者数据，可以探讨网络课程群知识建构的基本要素、促进性要素和持续性发展要素之间的相互关系，分析网络课程群知识建构的动力机制。

最后，将定性研究和定量研究相结合，在网络课程群教学实践的真实情景下，对网络课程群知识建构进行干预性的优化设计，再应用于学习者的知识建构活动，开展网络课程群设计与学习者知识建构的评价；提出网络课程群的设计方法后，重新进入下一轮的设计、实施

和评价。在此过程中，网络课程群的研究者和教学实践者共同参与知识建构活动，可以获取第一手资料，针对性地分析网络课程群的知识建构问题，改善网络课程群的知识建构效果。

五　理论与实践协同的思路，实现网络课程群知识建构的效果

网络课程群知识建构研究在总体上采用理论研究与实证分析相结合的方式，既强调网络课程群知识建构的基本理论创新，又结合现实问题进行设计开发与应用研究，最大程度上提高网络课程群知识建构的效果。

在理论层面，构建网络课程群知识建构的基本理论。在从"单门网络课程的知识学习"向"多门网络课程知识协同"、从"个体间知识共享"向"集体知识共生"的转型中，构建网络课程群知识建构的模型；根据信息化教学设计的基本原理，从教学目标、教学内容、教学模式、教学媒体和教学评价等方面，提出网络课程群知识建构的促进策略。

在实践层面，开展网络课程群知识建构的实践研究。例如，以教育技术学网络课程群为案例，用其知识建构的实践研究来验证和优化网络课程知识建构的理论成果。教育技术学不仅是由教育学、技术学和艺术学等交叉而成的学科，而且有"教学系统设计""数字教育媒体""信息技术教育""教育软件工程"和"教育装备技术"5个方向的课程组，其网络课程群可以作为知识建构研究的案例。对教育技术学的网络课程群的知识建构进行干预性的优化设计，再应用于学习者的知识建构活动，并展开学习者知识建构的评价，完善网络课程群知识建构的促进策略。在此基础上，分析问题型、知识型和方法型网络课程之间的关系，提出基于知识建构的网络课程群的设计方法。

第十章　网络课程群知识建构的促进策略

　　由于教育管理部门的重视和广大教师的参与，我国的网络课程建设取得了一定成绩，但是整体水平与教育改革的期望和经济社会的要求还有较大差距。探讨网络课程群知识建构的促进策略，有助于通过网络课程之间的相互作用，促进网络课程整体水平的提高。

　　网络课程群必须立足整个课程群体，重新整合相关网络课程的教学内容，并以课程群的方式开展教学设计。网络课程群以网状模式突破网络课程之间的隔膜，探索其相关的规律，将相关网络课程的教学内容、教学方法横向交叉渗透，形成了以网络信息技术为支持的课程群结构。

第一节　面向现实状况，把握网络课程群的需求

　　通过网络课程群方式来推动教育改革，更应瞄准未来趋势，培养有用人才。为了利用网络课程群增强学习者的学习效果，人们必须了解学习者的真正需要、特点、学习风格。

　　不同学习者决定了网络课程群的内容选择。为了把握网络课程群的需求，人们需要确定学习者的知识基础、认知结构等认知特点，形成网络课程群知识建构的学生模型，以便更好地了解学习者的需求、特点和学习风格以及学习准备状况等。

以经济社会人才需求为导向，促进网络课程群的知识建构。网络课程群知识建构应该以培养经济社会需求的人才为根本目标，以解决经济社会发展问题为出发点，通过不同网络课程的协同融合，构建结构优化、效果良好的课程群系统。在此过程中，要注意不同网络课程之间的关联，使相关网络课程能够紧密联系、相互支持。

第二节 聚焦网络学习，开展网络课程群的目标分析

分析教学目标的构成、把握教学目标的类型是网络课程群内容选择的重要依据。根据网络课程群的教学内容、学习者特征和学习方式等的因素，确定网络课程群知识建构的方式，评估网络课程群设计与开展的成本和效益，并以此为基础开展针对性的教学设计。

人们需要根据网络课程群的特点分析学习者的先修知识能力以及所要达到的学习目标，设计网络课程群的教学目标。将网络课程群的目标明确分成知识目标、技能目标、观念目标、能力目标等各类目标，然后探讨实现每类目标所需的不同网络课程。将网络课程群的教学因素与教学目标的类别分别作为维度，可以形成网络课程群教学目标的分析框架，如表 10-1 所示。

表 10-1　　　　　网络课程群教学目标的分析框架

网络课程群的特征＼教学目标	不同网络课程的教学内容	不同网络课程的教学模式	不同网络课程的教学媒体	不同网络课程的教学评价
知识目标				
技能目标				
观念目标				
能力目标				

根据教学目标，学生从网络课程群的教学内容和学习资源中分析、归纳、总结出对自己学习有价值的知识，面向问题找出不同网

络课程知识之间的内在联系，以跨课程的方式开展网络学习，实现不同课程知识的应用和创新。

第三节　应用协同理论，选择网络课程群内容

以协同理论指导网络课程群知识建构，"不仅仅是考虑自身课程体系的结构与内容，还需要很好地协调好不同课程的内容，明确相互之间的区别以及逻辑关系"[①]。人们要从系统与要素的关系出发，充分考虑不同网络课程之间、网络课程群之间以及网络课程群与教学环境之间的关系。为此，人们需要树立网络课程群的系统观，分析网络课程群的核心要素、基本关系和建设环境；妥善处理网络课程群内各要素的关系以及与外部环境之间的复杂关系。人们应该以不同网络课程之间的关联度为切入点，促进网络课程群的知识建构；以互补和竞争为手段，提高网络课程群的整体效果。

网络课程群的基本思想是把内容联系紧密、内在逻辑性强、属于同一个培养技能范畴的一类课程作为课程群系统进行建设，并发布到网络上实现资源的共享。[②] 网络课程群的知识建构过程中，人们"不仅仅是考虑自身课程体系的结构与内容，还需要很好地协调不同课程的内容，明确相互之间的区别以及逻辑关系"[③]。

网络课程群以课程间知识的联系为结合点，把相关的知识点联系起来达到知识的贯通，一般由 3—6 门相关课程组成，需要根据协同创新的理论对所含课程进行重新设计和组合。要坚持以跨课程的网络学习为理念，引领网络课程群的发展。要瞄准网络课程群知识

---

① 谢文武、韩瑾：《课程群建设中课程内容的融合——以金融核心课程群为例》，《高等工程教育研究》2010 年增刊。

② 熊芳：《基于博客的电子商务专业网络课程群的设计与实现》，硕士学位论文，湖南大学，2008 年。

③ 谢文武、韩瑾：《课程群建设中课程内容的融合——以金融核心课程群为例》，《高等工程教育研究》2010 年增刊。

建构的趋势，让网络课程群的数量和质量相得益彰，网络课程群内课程和群外课程融会贯通，网络课程群与人才培养紧密结合，从而不断提高课程群知识建构的综合效益。

第四节 根据知识建构的原理,组织网络课程群内容

对于网络课程群的内容而言，"教学内容具有不可重复性，同时知识点之间存在相对独立和离散性，知识点之间关系亲和，内容可集群；实践环节或技能培养环节是连贯、递进的"[1]。网络课程群通过对相关网络课程的系统规划，增添缺失的网络课程，删除重复的网络课程，并改革网络教学模式，引导学生以跨课程的方式开展学习活动，从而优化网络课程的整体关系，提升网络课程的综合效益。

"由于课程群是由许多基本教学内容相互贯通、相互融合、可以规划综合并形成有机整体的相关课程组成的，各门具体课程，从内容上看，相互之间的内容纵向有传承关系，横向有内在的联系，但又自成体系。"[2] 因此，人们需要根据人才培养目标和培养模式要求，分析不同网络课程在逻辑上的关系，打破网络课程之间的阻隔，优化不同网络课程之间的关联。人们在思考网络课程群知识建构问题时，应该充分考虑网络课程群内多门网络课程在逻辑结构、内容关联及时间安排等方面的协同关系。

知识建构视野下网络课程群的内容组织要求把大量分散于不同课程的知识进行合理整合，建立不同网络课程知识之间的联系，使其生成新的知识单元，进而促进学生获取有用的知识。一方面，把网络课程群的内容组织成在逻辑上前后联系的直线，前后内容基本上不重复。另一方面，在不同阶段上使网络课程群内容重复出现，

---

① 丁志斌、李茂莉：《英语专业网络课程群资源建设模式与途径》，《现代教育科学》2010 年第 3 期。

② 陆为群：《高师院校课程群建设的原则和策略》，《黑龙江高教研究》2007 年第 11 期。

逐渐扩大范围和加深程度，以根据学生认知的特点，引导他们加深对于网络课程知识的理解。

第五节　构建跨学科团队，开展网络课程群教学

网络课程群知识建构必须坚持以人为本的原则。网络课程群具有交叉学科的新颖特点，对教学团队有着跨学科的知识要求。网络课程群需要具有知识结构多元化的教学团队，以体现不同网络课程内容的跨学科特点和满足学生综合能力培养的教学需要。

为此，网络课程群需要形成年龄、职称、学历、阅历和知识结构合理的教学团队。其中，网络课程群的主讲教师应该由经验丰富、教学效果好的教师担任，配以青年教师辅导给学生答疑，形成知识互补的教学团队；以大学生能力培养为目标导向，开展跨学科的教学实践活动；建立跨学科的网络课程群教学组织，加强课程教学人员之间的联系，从而形成优势互补和开放灵活的跨学科教学团队。

在开展网络课程群的知识建构活动时，跨学科的教师队伍既要保证网络课程群教学内容的整体关联，又要提供给学生足够的交流空间，以促进学生进行情感、经验、方法等隐性知识的形成，引导学生通过沟通和交流分享不同网络课程的知识内容，促进不同网络课程知识的相互转化，不断提升分析和解决问题的综合能力。

第六节　关注课程群方式的网络学习，改善网络课程群的评价方式

网络课程群的评价指以网络课程群的学习目标为依据，运用有效的技术手段，对学习活动的过程和结果进行测定、衡量，并给予价值判断的过程。在网络课程群知识建构的过程中，学生不仅需要

学习单门课程，还可以借助课程之间的关系，展开更为高效的学习。具体来说，人们既要关注网络课程群中单门课程的学习状况，又要关注网络课程群中相关课程的学习状况，尤其需要强调如何利用相关网络课程来支持网络学习。既要评价网络课程群知识建构的物质基础，更要评价课程群知识建构的文化氛围；既要评价网络课程群知识建构的外部成果，更要关注影响网络课程群效果的诸多因素，特别是学习者的主体功能。

一、网络课程群知识的获取。人们通过查看网络课程群的访问次数等来判断此知识是否受欢迎；通过咨询别人在使用后的评价来判断网络课程群知识建构的质量；通过确认作者、单位等来判断网络课程群的教学内容是否具有可信度等。

二、网络课程群知识的组织。在网络课程群的知识建构过程中，学生对不同网络课程的知识进行系统化，建立不同网络课程知识之间的联系，在综合不同网络课程知识的基础上，构建新的知识结构，形成更有意义的知识关联。

三、网络课程群知识的共享。网络课程群知识的共享指学生能够针对问题便捷地利用不同网络课程的教学内容。通过不同网络课程知识的交流与共享，学生可以扩大知识的获取范围，加深对不同网络课程内容的理解，在以课程群的方式讨论和解决问题的过程中，培养批判性思维和人际交流等综合性能力。

四、网络课程群知识的应用与创新。知识应用与创新是网络课程群知识建构的最终目标。网络课程群知识的应用指学生运用不同网络课程的知识内容来解决问题，并指导实践。网络课程群知识的创新指学生利用不同网络课程的知识内容产生新知识的过程。网络课程群知识创新不仅在于学生学习网络课程群知识，更在于学生实现不同网络课程知识的迁移和创新。

第四部分
课程群知识建构的案例分析

第十一章　课程群知识建构视野下的"视觉文化与媒介素养"课程建设[*]

　　不同课程交叉融合形成课程群，使得原本独立的课程与其他相关课程形成新的竞争与互补关系。建设好课程群，实现"一荣俱荣"的协同进化，成为促进教学改革、提高教学效果的重要途径。"视觉文化与媒介素养"课程自身既具有综合性特征，又与摄影、摄像、多媒体设计等其他课程存在紧密关联，具有相互构成课程群的现实可能与需求。因此，从课程群知识建构的视野来分析"视觉文化与媒介素养"课程建设的进一步发展，并实现与其他课程的更好协作与促进，具有理论意义与实践价值。本章从为什么、是什么与怎么做三方面探讨"视觉文化与媒介素养"课程与其他课程应该如何通过协同进化，促进竞争，形成互补。

　　"视觉文化与媒介素养"课程的发展经历了由无到有、从有到优的过程。2001 年南京师范大学视觉文化研究团队开始针对教育技术专业本科生和研究生开设了"视觉文化与媒介素养"课程，后来将课程拓展到大学生文化素质教育领域，以提高大学生读图时代的视觉素养和应用媒体的媒介素养。由于特色鲜明和积累扎实，2008 年入选江苏省高等学校精品课程，2009 年入选为国家级精品课程。随着课程影响的不断扩大，徐州师范大学、广西师范大学、苏州科技

　　* 本章主要内容发表在《现代远距离教育》（CSSCI 来源期刊）2012 年第 5 期。

学院、温州大学和安徽师范大学等院校的教育技术学专业也逐渐开设了"视觉文化与媒介素养"的相关课程。

"视觉文化与媒介素养"课程建设取得了明显成就，但是面对读图时代的文化变迁和媒介社会的不断发展，仍需在反思继承中推动可持续发展，以满足读图时代和媒介社会中人们素养培养的需要。从课程群知识建构视野下分析"视觉文化与媒介素养"课程建设，将其放入课程群的语境下，体现在协同进化的方式上，有助于其摆脱单门课程的局限，通过不同课程之间的协同来促进其发展。

第一节　课程群及其协同进化的内涵分析

交叉课程和综合课程的不断涌现源自自然科学、技术科学和社会科学的相互渗透影响。某些课程之间的明确界限正在淡化，彼此封闭的状态正在改变。在此背景下，如果仅仅注重单门课程的建设而忽视课程之间的关联，则容易造成课程内容不衔接或重复低效等问题。探讨单门课程与其他课程交叉融合形成课程群，成为促进教学改革和提高教学效果的重要途径。

"所谓课程群，是以一门以上的单门课程为基础，由三门以上性质相关或相近的单门课程组成的结构合理、层次清晰，课程间相互连接、相互配合、相互照应的连环式的课程群体。"[1] 不同课程之间相互影响，会形成协同进化的课程群。课程群的知识建构指某一课程通过自身进化来影响其他课程，而其他课程的进化又改变着此课程的进化，导致课程群系统的发展：最终通过课程群内部要素之间的协同，既促进单门课程的提升，又实现课程群的发展。

课程群的知识建构研究有助于深化人们对课程之间关系的认识，为课程群的整体发展提供理论支持。传统的课程理论侧重于将课程看作为

---

[1]　吴开亮：《关于高师院校课程群建设的探讨》，《江苏高教》1999 年第 6 期。

静态的知识体系,较多关注单门课程的状况。"仅限于具体的各门课程自身的调节,而没有考虑课程在课程结构和课程体系中的位置和相互关系,没有从整体上使整个课程系统得到改善。"① 从协同进化的角度审视课程群,不仅可以打破单一课程视角的局限,而且能够引导人们从协同进化角度思考课程之间的关系;不仅可以深化人们对课程群规律的认识,而且有助于通过协同知识建构方式促进相关课程的整体提高。

课程群知识建构研究对于课程建设具有理论意义与实践价值。课程群建设是一项内容复杂、涵盖广的系统活动,涉及到课程定位、课程内容、教师队伍以及资源配置等方方面面。课程群知识建构研究探讨不同课程之间的互动规律,能够促进人们反思课程之间的关系,通过发挥课程之间的协同作用,促进课程群系统的可持续发展。

第二节 课程群知识建构视野下分析"视觉文化与媒介素养"课程建设:为什么

课程群知识建构视野下分析"视觉文化与媒介素养"课程建设具有合理性。可以从课程自身特征、相关课程状况以及与其他课程的关系等方面展开分析,阐释课程群知识建构为什么能够为"视觉文化与媒介素养"课程建设提供理论参考。

一 "视觉文化与媒介素养"课程具有综合课程的特征

"视觉素养的研究实际上是一门多学科交叉渗透的边缘科学理论,涉及视觉生理学、心理学、教育学、艺术学、新闻传播学、广告学等学科知识。"② "视觉文化与媒介素养"课程作为教育学、艺术学、信息科学与传播学等多门课程相互交叉的产物,具有综合课

---

① 吴开亮:《关于高师院校课程群建设的探讨》,《江苏高教》1999 年第 6 期。
② 聂黎生:《读图时代的视觉素养概念及其视觉素养教育》,《太原师范学院学报》(社会科学版) 2009 年第 2 期。

程的特征。随着信息技术的日新月异以及教育学、心理学和传播学等学科的不断发展，"视觉文化与媒介素养"课程需要汲取相关学科的知识，需要借鉴相关课程的内容，以支持学生视觉素养和媒介素养等综合素养的培养，提高学生运用媒介资源分析问题和解决问题的能力。

"课程群的建设有利于培养学生严谨的科学态度、严密的逻辑思维能力和科学的世界观，也可以提升学生的判断能力、分析问题的能力和决策能力。"① 课程群知识建构视野下分析"视觉文化与媒介素养"课程建设，可进一步阐释"视觉文化与媒介素养"课程与相关课程的内在关联，充分利用相关课程来支持"视觉文化与媒介素养"课程的发展，并引导学生利用符号学、现象学和视觉心理学等相关课程的知识，探索视觉文化表达样式与意义内涵之间的关系，不断提升自身的媒介素养和视觉素养。

二 "视觉文化与媒介素养"相关的课程及其分布

"教育技术由于其强大的技术尤其是视觉技术的支持在现代教育活动中越来越扮演着重要的角色。"② "视觉文化与媒介素养"相关课程在教育技术课程中也扮演着重要角色。通过梳理 2010 年高等学校教育技术学专业指导性专业规范③，可以发现与"视觉文化与媒介素养"相关的课程不少，而且分别作为基础课程、主干课程和高级课程分布在不同的课程组中，如表 11 - 1 所示。例如，在数字教育媒体课程组中，"教育电视系统"和"多媒体艺术基础"作为基础课程，"教育电视节目编导与制作""教学媒体的理论与实践"和"教育传播学"作为主干课程，"多媒体平面设计""计算机动画制

---

① 赵朝会：《浅谈课程群建设》，《中国科教创新导刊》2008 年第 14 期。
② 杨素萍、杨茂庆：《教育技术的后现代审视》，《电化教育研究》2008 年第 12 期。
③ 教育部高等学校教育技术学专业教学指导委员会：《高等学校教育技术学专业指导性专业规范》，http：//www.edu.cn/yjbg_ 12336/20120629/t20120629_ 801409. shtml

作"和"视觉文化与媒介素养"作为高级课程。

表 11 - 1 "视觉文化与媒介素养"相关课程在教育技术学专业课程中的分布状况

课程分布\课程组	基础课程	主干课程	高级课程
教学系统设计	"教育电视节目编导与制作"、"多媒体平面设计"	"教育传播学"	"多媒体课件设计与开发"
数字教育媒体	"教育电视系统"、"多媒体艺术基础"	"教育电视节目编导与制作"、"教学媒体的理论与实践"、"教育传播学"	"视觉文化与媒介素养"、"计算机动画制作"、"多媒体平面设计"
信息技术教育	"多媒体课件设计与开发"	"教育电视节目编导与制作"、"教育传播学"	"计算机动画制作"
教育软件工程	"教育传播学"	"多媒体课件设计与开发"	
教育装备技术	"教育电视系统"	"多媒体课件设计与开发"	"教育传播学"

随着相关课程数量不断增加，目标雷同、内容重复等问题难以避免。从课程群知识建构的视野分析"视觉文化与媒介素养"与相关课程的内在关系，开展"视觉文化与媒介素养"课程建设，有利于避免课程内容上的重复，增强相关课程的协同互补，共同开发与利用教学资源，提高课程群的教学效益。

三 "视觉文化与媒介素养"课程需要与教育技术学其他课程的知识建构

在高等学校教育技术学专业指导性专业规范中，教育技术学课程划分为教学系统设计、数字教育媒体、信息技术教育、教育软件工程和教育装备技术五个课程组以及高级课程、主干课程和基础课程三个课程类别。[①] 于是，教育技术学课程形成了纵横有序的结构，

① 教育部高等学校教育技术学专业教学指导委员会：《高等学校教育技术学专业指导性专业规范》，http://www.edu.cn/yjbg_12336/20120629/t20120629_801409.shtml。

既有以系统知识为主线的理论课程，又有以专业技能为主线的实践课程，为学生提供了丰富的课程资源和多样的课程组合。

"视觉文化与媒介素养"课程与教育技术学其他课程存在关联。虽然在内容上"视觉文化与媒介素养"课程自成体系，但也应该与其他相关课程紧密联系而发展，促进相关课程之间有机协作、协同进化。

在课程群知识建构视野下探讨"视觉文化与媒介素养"课程建设，可以克服只从单门课程入手来进行教学改革的弊端，能够让教师对相关课程有整体把握，剔除课程之间的重复内容，增强课程之间的互补作用，提高课程教学效果；有利于学生整合不同课程的内容，融会贯通所学知识，提高课程学习效率。

第三节　课程群知识建构视野下阐释"视觉文化与媒介素养"课程建设：是什么

"通过课程群建设，使课程设置、课程内容、教学设备、师资队伍、教学思想、教学方式方法等在教学系统中更好地得到优化，从而达到加强联系、减少重复、压缩课时、增加效果、调整整体优化的功效。"[①] 课程群知识建构视野下的"视觉文化与媒介素养"课程建设需要分析与其他课程的关系，探讨如何优化其与其他课程的关系，以提高相关课程的整体水平。

一　"视觉文化与媒介素养"课程与其他课程的相互关系

不同课程的相互关系不仅影响单门课程的教学状况，而且决定着整体课程的可持续发展。"想透过繁复的表象看出不同事物的共

---

① 吴开亮：《关于高师院校课程群建设的探讨》，《江苏高教》1999 年第 6 期。

同本质，思维的抽象性增强了，研究的难度也会加大。这就需要强有力的理论工具来加以支持。"① 研究事物之间的知识建构关系借鉴了对生物物种相互作用分析的理论工具。"视觉文化与媒介素养"课程与其他课程关系的研究也可以借鉴生物物种相互关系的分析理论。

结合物种的关系原理，可以进一步分析"视觉文化与媒介素养"课程与其他课程的关系，并分别用"＋""0"和"－"表示其关系。② 其中"＋"代表正面影响，"0"代表无影响，而"－"则代表负面影响，如表 11－2 所示。

表 11－2　"视觉文化与媒介素养"课程与其他课程的相互关系分析

影响状况 / 关系类型	对"视觉文化与媒介素养"课程的影响	对其他课程的影响	课程相互影响的结果
互补型	＋	＋	彼此有正面影响
独立共存	0	0	彼此没有影响
竞争型　竞争共存	＋	0	对某一课程有正面影响，而对另一课程没有影响
	0	＋	
	－	0	对某一课程有负面影响，而对另一课程没有影响
	0	－	
竞争替代	－	－	彼此有负面影响
	＋		"视觉文化与媒介素养"课程或其他课程被一方替代
		＋	

在"视觉文化与媒介素养"课程与其他课程的关系中，竞争与互补为两种基本关系类型。其中，竞争意味着"视觉文化与媒介素养"课程与其他课程之间更多的相互制约关系，互补则意味着"视觉文化与媒介素养"课程与其他课程之间存在存在更多的相互促进关系。"视觉文化与媒介素养"课程正是通过与其他课程的竞争与互

----

① 张舒予：《视觉文化研究与教育技术创新》，《中国电化教育》2006 年第 4 期。
② 王梅：《基于生态原理的学科协同进化研究》，博士学位论文，天津大学，2006 年。

补，来调整彼此在课程目标、课程内容以及课程资源等方面的变化，从而促进相关课程的互动，形成协同进化的课程群。

二 "视觉文化与媒介素养"课程与其他课程的互补关系

在互补关系中，"视觉文化与媒介素养"课程与其他课程不存在竞争关系，彼此的发展对双方均有益处。通过互补，"视觉文化与媒介素养"课程打破了不同课程各自为政的界限，连通了不同课程原本孤立的领域，强化了课程群系统的内在联系。一方面，通过方法的互补，将其他课程的方法应用于"视觉文化与媒介素养"课程中。例如，符号分析方法原先存在于符号学相关课程，应用到"视觉文化与媒介素养"课程后，成为分析视觉文化形式与内容之间关系的重要理论工具。另一方面，通过理论的互补，"视觉文化与媒介素养"课程内容与其他课程实现互补。例如，"视觉文化与媒介素养"课程与"视觉心理学"课程在内容上互补后，"视觉心理学"课程增加了视觉文化因素，而"视觉文化与媒介素养"课程则丰富了视觉心理内容。

通过互补，"视觉文化与媒介素养"课程与其他课程联合起来，实现从知识课程（"艺术基础"、"心理学"等）、能力课程（"图像处理"、"摄录编技术"、"摄影技艺"等）到素养课程（"视觉文化"、"媒介素养"、"视觉素养"等）的构建，形成课程之间的知识建构关系，如图 11-1 所示。具体说来，相对于"图像处理""摄录编技术""摄影技艺"等相关课程，"视觉文化与媒介素养"课程应该关注相关课程内容，做到既有区别又有联系；侧重从技能到素养，实现教学目标互补；注重建构媒介学习环境，与真实学习环境互补；充分体现视觉文化因素，关注人文精神培养。

三 "视觉文化与媒介素养"课程与其他课程的竞争关系

对于竞争关系，"视觉文化与媒介素养"课程与其他课程存在

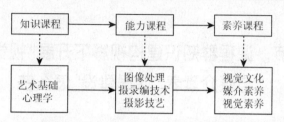

图 11 - 1　"视觉文化与媒介素养"课程与相关课程的互补关系

独立共存、竞争共存和竞争替代三种类型。一方面，三种类型的竞争关系越来越激烈：从对彼此没有实质性影响的独立共存到对某一课程有正面或者负面影响的竞争共存，到最终一门课程被另一门替代的竞争替代。另一方面，三种关系的竞争效果越来越明显：从弱竞争关系的独立共存到双方互动的竞争共存再到排他性的竞争替代。通过课程之间的竞争，不同课程优胜劣汰，适应社会发展和满足学生需要的课程则可以脱颖而出。

　　通过与相关课程的竞争，"视觉文化与媒介素养"课程可以在汲取相关课程优点的基础上，凸显学生视觉素养和媒介素养的培养，从而更加适应读图时代的文化变迁和媒介社会的学习需要。例如，在高等学校教育技术学专业指导性专业规范的数字教育媒体课程组中，存在"教育传播学""多媒体艺术""多媒体平面设计等""教育电视系统""教育电视节目编导与制作""教学媒体的理论与实践""计算机动画制作"和"视觉文化与媒介素养"等课程。从课程发展的角度看，"计算机动画制作"课程是与"多媒体平面设计""多媒体艺术"等课程之间竞争的结果，更加符合计算机时代动画制作的特点和动画教学的需要，而"视觉文化与媒介素养"课程也是通过与"多媒体艺术""多媒体平面设计"等课程竞争而发展起来的，更加针对读图时代学生视觉素养和媒介素养的培养。

第四节　课程群知识建构视野下开展"视觉文化与媒介素养"课程建设：怎么做

"课程群的建设是一个复杂的系统工程。"[①] 既要依据经济社会的发展对高素质人才培养的要求，又要遵循课程建设的基本原则和课程教学的主要规律。课程群知识建构视野下开展"视觉文化与媒介素养"课程建设，不仅需要理论上深入分析"视觉文化与媒介素养"课程与其他课程的知识建构关系，而且实践中在课程目标、课程内容、教学团队和课程学习等方面应该体现协同知识建构的特征。

一　关注课程目标，实现相关课程在课程目标上的互补

教育技术学"课程建设的体制与机制必须是动态、开放的，必须与不同特色教育技术学专业的培养目标、社会对毕业生专业素质的要求相适应"[②]。"视觉文化与媒介素养"课程与其他课程需要形成互补关系，以体现对教育技术人才培养的有效性和实用性。尽管目前教育技术学专业开设了"摄影与摄像技术""教育电视""多媒体技术"和"计算机动画制作"等相关课程，但多以培养学生的技术能力为主，一定程度上忽略了学生视觉素养和媒介素养的培养。而"视觉文化与媒介素养"课程则针对性地培养学生的视觉素养与媒介素养，以帮助他们具备更高的素养来开发优质的媒体资源。[③]

---

① 陆为群：《高师院校课程群建设的原则和策略》，《黑龙江高教研究》2007年第11期。

② 桑新民：《探索并遵循专业建设发展的客观规律——在争鸣与合作中开创中国教育技术学的希望之路》，《电化教育研究》2005年第9期。

③ 申灵灵、张舒予：《教育技术学专业视觉素养教育的"4W"探析》，《现代远距离教育》2012年第2期。

为此，人们应该优化"视觉文化与媒介素养"课程目标与其他课程目标的关系，既强调相关课程目标的综合和互通，又明确"视觉文化与媒介素养"课程目标聚焦于视觉素养与媒介素养培养。"视觉文化与媒介素养"课程的教学活动应该以学习者视觉素养和媒介素养为导向，在相关课程培养学生视觉信息处理能力的基础上，关注学生理解与应用图像的价值观；在相关课程关注视觉资源符号及表征编码的基础上，挖掘视觉文化的人文关怀功能，让学生由"形而下""识器"的具象鉴赏提升到"形而上""问道"的共相层面解析①，不断提高学生应用媒介分析和解决问题的能力。

二　应用协同理论，优化"视觉文化与媒介素养"课程内容

协同理论强调不同系统之间、系统要素之间以及系统与环境之间存在"协同作用"。以协同理论指导"视觉文化与媒介素养"课程建设，"不仅仅是考虑自身课程体系的结构与内容，还需要很好地协调好不同课程的内容，明确相互之间的区别以及逻辑关系"②。"视觉文化与媒介素养"课程应通过与相关课程的协同互补，构建内容优化、相互支持的课程关系。

此时，要注意"视觉文化与媒介素养"课程内容与相关课程之间的关联，实现"教学内容具有不可重复性，同时知识点之间存在相对独立和离散性，知识点之间关系亲和，内容可集群；实践环节或技能培养环节是连贯、递进的"③。例如，"计算机动画制作"课

---

① 张舒予：《"视觉文化与媒介素养"课程核心理念与教学设计》，《现代远程教育研究》2012 年第 2 期。

② 谢文武、韩瑾：《课程群建设中课程内容的融合——以金融核心课程群为例》，《高等工程教育研究》2010 年增刊。

③ 丁志斌、李茂莉：《英语专业网络课程群资源建设模式与途径》，《现代教育科学》2010 年第 3 期。

程侧重于培养学生的动画制作能力，而"视觉文化与媒介素养"课程则可以在此基础上引导学生思考动画的教育价值以及如何更好地发挥动画的教育价值。为此，人们应该根据学习者视觉素养和媒介素养培养的需要，既注重"视觉文化与媒介素养"课程与其他课程的互补，避免课程之间内容的重复，又根据读图时代的文化变迁和媒介社会的不断发展，及时融入新的课程内容，以支持学生视觉素养和媒介素养的培养。

三 构建跨学科团队，开展"视觉文化与媒介素养"课程教学

"视觉文化与媒介素养"课程具有交叉学科的新颖特点，对教学团队有着跨学科的知识要求。"视觉文化与媒介素养"课程需要知识结构多元化的教学团队，以体现课程内容的跨学科特点和满足学生综合培养的教学需要。

为此，选择具有教育技术、艺术教育、视觉艺术、视觉心理、计算机图形和新闻传播等不同学科背景的教师，形成知识互补的教学团队；以大学生视觉素养与媒介素养培养为目标导向，开展跨学科的"视觉文化与媒介素养"教学实践活动；建立跨学科的"视觉文化与媒介素养"教学组织，增强课程教学人员之间的联系，从而形成优势互补和开放灵活的跨学科教学团队。

四 以课程群方式学习，提高"视觉文化与媒介素养"课程的教学效果

从课程群知识建构的视野来看，真正建设好"视觉文化与媒介素养"课程，还需要课程群的支持。具体说来，教师在"视觉文化与媒介素养"课程教学中引领学生以课程群的方式开展学习，既关注"视觉文化与媒介素养"课程的学习，又关注与"视觉文化与媒

介素养"相关课程的学习。通过将相关课程组成课程群来促进协同进化，"视觉文化与媒介素养"的课程教学才会获得更加深刻持久的支持。

　　学生在学习"视觉文化与媒介素养"课程的过程中，充分理解此课程与其他相关课程的内在关系，发挥其他课程的支持作用，实现"知识模式"的学习、"理解模式"的掌握到"能力模式"的训练，逐步理解视觉文化内容与形式之间的逻辑关系，深刻分析媒介传播的特征与影响，"把握媒介与现实的关系，积极关注生活世界"[①]，有利于学生不断提高运用视觉文化和现代媒体促进自身发展的能力。

---

　　① 　赵慧臣、张舒予：《博雅理念下的媒介素养教育：促进人的终身发展》，《现代教育管理》2009 年第 5 期。

第十二章　课程群知识建构视野下教育技术学本科课程建设[*]

随着高等教育从"精英教育"转向"大众教育"，人才的培养模式也从"专才"培养转向"通才"教育，教学内容也朝着"厚基础、宽口径"的方向发展。在此背景下，高校课程之间的联系愈加紧密：单门课程与其他课程交叉融合形成课程群，已经成为提高教学效果的重要手段。如果仅仅注重单门课程的建设，而忽视课程之间的关联性，易造成顾此失彼、内容衔接不合理或重复等现象。

对于教育技术学本科专业而言，自 1983 年华南师范大学创办电化教育本科专业开始，教育技术学科专业建设从无到有、从少到多迅猛发展。研究教育技术专业课程之间的相关性，探讨教育技术学本科课程建设，对于促进教育技术课程的整体优化具有重要作用，对于促进教育技术学本科专业的发展具有现实意义。

第一节　教育技术学本科课程建设的问题提出

课程群知识建构不应该盲目地成为未来的一种趋势，而应从必要性和可行性以及长远效益等诸多方面展开分析。因此，可以从学科特征、人才培养和课程现状等方面，分析教育技术学本科课程建设问题是否合理。

　＊ 本章主要内容发表在《现代教育技术》（CSSCI 来源期刊）2013 年第 2 期。

一 教育技术学的交叉学科特征：课程群知识建构的理论可行性

"教育技术学是教育学、心理学、信息科学与传播学等学科相互交叉的产物，属于综合性的交叉学科。"① 随着信息技术的日新月异、教育信息化的不断推进以及教育学、心理学、传播学等学科的发展，教育技术学的理论体系不断完善、应用实践不断深入，教育技术学的教学内容和课程改革也一直在进行。

作为交叉学科，教育技术学所涉及的知识比较庞杂。高校对教育技术学的认识存在一定差异。相对来说，虽然不同高校同样开设教育技术专业，但具体开设的课程却有很大不同，导致了课程设置比较混乱的局面。面对教育信息化领域的发展，教育技术学本科专业在课程设置上需要构建课程群以强化课程之间的关系，建立体现核心竞争力的专业课程体系。因此，教育技术学本科专业学生的培养质量不仅取决于专业自身的定位，而且有赖于课程体系建设。

二 教育技术学的应用型人才培养：课程群知识建构的目标针对性

目前教育技术学已形成了从专科、本科到硕士、博士以及从师范类到非师范类的多层次的人才培养体系。"教育技术是一门交叉学科，也是一门应用型的综合性学科。教育技术专业人才的培养与学科的特点是密不可分的。"② 因此，如何培养出"应用型"人才以满足教育信息化发展的需要，是摆在教育技术学专业面前的突出问题。

教育技术专业的学生就业面越来越广，由过去的设备维修工作

① 刘德亮：《我国教育技术学科建设的现状与发展趋势——访北京师范大学黄荣怀教授》，《中国电化教育》2002 年第 10 期。
② 同上。

到教学资源的设计开发以及企事业单位人员培训等。"课程设置合理化对于教育技术人才的培养,乃至整个教育技术专业的发展都有重要意义。"① 这引发了教育技术课程的深层次变革,而课程群正好顺应了此种情况。"课程群的建设有利于培养学生严谨的科学态度、严密的逻辑思维能力和科学的世界观,也可以提升学生的判断能力、分析问题的能力和决策能力。"② 教育技术学本科课程建设可以根据学生的学习需要以及学科内在的特点,将学科内容整合成更加科学、高效的课程体系,为学生提供更好的学习平台。

三 教育技术学课程体系的问题反思:课程群知识建构的现实必要性

在教育技术学学生的就业评价中,"教育技术系的毕业生,技术不如计算机系,理论不如教育系"的评价虽然听起来有些刺耳和偏激,但却反映出了当前教育技术学学生就业的尴尬局面。造成这种状况的原因是多方面的,但不能否认的是与教育技术专业培养人才目标不明确、没有设置科学合理的课程体系有一定关系。不少高校开始针对这类问题进行课程改革,但主要还只是对单门课程的教学内容及其结构做些调整和改造。

根据最优化理论,局部优化的总和不等于整体优化,甚至局部优化可能损害整体优化。面对教育技术学本科专业课程的问题,不能只从单一的课程入手来进行课程改革,而是应该从整体出发建设教育技术学本科课程群。教育技术学本科专业的课程群知识建构可以使教师对课程体系有整体的把握,在教学中可以做到课程与课程相互借鉴,有助于提高教学效果;可以使学生明确自己的学习目标,整合不同课程的知识,融会贯通所学知识,提高课程学习效率。

---

① 曹玉娜:《推动教育技术学科的发展——课程整合最优化、课程设置合理化》,《现代远距离教育》2005 年第 4 期。

② 赵朝会:《浅谈课程群建设》,《中国科教创新导刊》2008 年第 14 期。

第二节 教育技术学本科课程建设的现状反思

近些年来，有不少教育技术专家学者根据教育的不断发展和信息技术的不断更新，研究教育技术课程建设，虽然取得了明显成就，但也存在着某些问题。因此，需要在反思继承中寻找更好的课程建设方法，以提高教育技术人才的培养质量，促进教育技术学本科专业的科学发展。

一 指导理论：提出"知行合一"理论，关注课程体系建设

教育技术作为交叉学科，需要学习和借鉴其他相关学科的知识。关于教育技术学本科专业课程建设，虽然相关文献并没有非常明确的提法，但不同程度地渗透着课程群的思想，可以为教育技术学课程群知识建构提供重要的参考。例如，华南师范大学的王俊晖教授提出："我国的教育技术专业应该改变其原有的'学科中心'课程模式，增设综合化程度不同的跨学科课程，建立综合化多学科立体交叉的课程体系。"[①]

从指导理论上看，教育技术学课程群知识建构提出了"知行合一"理论，关注课程体系建设。尤其值得关注的是，南京师范大学的徐朝军和李艺等认为目前大学的教育技术课程体系中，内容上过于追求学科体系的严谨性、过于求同，而与社会应用需求相去甚远，缺少实践性；提出与社会需求相动态协调的"知行合一"课程体系和实践体系，以期实现人才培养中学科知识学习与实践技能培养的和谐以及知识教育和人的发展的和谐。[②]

---

① 王俊晖：《教育技术专业课程现状与改革的思考》，《教育信息化》2002 年第 4 期。
② 徐朝军、李艺等：《"知行合一"理念下的教育技术本科课程改革》，《中国电化教育》2009 年第 10 期。

二 开展形式：注重课程模块的组合，课程关系有待强化

由于综合性比较强，教育技术学课程的内容丰富，注重课程模块的划分。2002 年，黄荣怀提出："教育技术专业主要的研究方向包括教育技术基本理论（含教学设计）、信息技术教育应用、远程教育、教育信息技术、教育信息管理、教育电视等方面。"[①] 2005 年，曹玉娜建议采用："'基础理论课程＋方向模块课程'来构建课程体系。基础理论课程主要包括本专业的核心课程，专业基础课程，公共课程，艺术类课程等。方向模块课程用以培养人才的多去向，体现灵活性。"[②] 2005 年，内蒙古师范大学的李龙教授提出："将教育技术人员的专业能力结构和教育技术学科的理论框架相对照，可以得出教育技术学专业（本科层次）的课程体系结构由以下内容所组成：核心（主干）课程、专业基础课程、专业拓展课程和实验实践课程。"[③] 2009 年，南京师范大学的徐朝军和李艺等提出："从毕业生就业去向、工作性质、课程组三个维度构建专业课程体系，该课程体系把专业分为五个方向，每个方向都有相对应的核心课程组，每个课程组分为专业基础课程和专业应用课程两个层次。"[④] 2010 年，在高等学校教育技术学专业指导委员会的指导性文件中，教育技术课程群大体划分成五个主要的课程模块：教育技术学理论基础课程模块、教学媒体课程模块、信息技术教育课程模块、教育软件课程模块以及教育技术实践课程模块。

此后，教育技术学课程形成了纵横有序的结构，既有以系统知

---

① 刘德亮：《我国教育技术学科建设的现状与发展趋势——访北京师范大学黄荣怀教授》，《中国电化教育》2002 年第 10 期。

② 曹玉娜：《推动教育技术学科的发展——课程整合最优化、课程设置合理化》，《现代远距离教育》2005 年第 4 期。

③ 李龙：《教育技术领域·学科·专业》，《中国电化教育》2005 年第 12 期。

④ 徐朝军、李艺等：《"知行合一"理念下的教育技术本科课程改革》，《中国电化教育》2009 年第 10 期。

识为主线的理论体系，又有以专业技能技术为主线的实践架构，一定程度上适用于应用型人才的培养。然而，此时的教育技术课程群建设过于注重课程模块的组合，对于课程之间的关系不够重视，课程之间的协同作用有待强化。

三 实际效果：提供了更多课程选择，学习应用有待提高

在实际效果上，目前的教育技术学课程群知识建构提供了更多的课程选择，为学生提供了更加丰富的课程资源。学生除了要学习本专业课程之外，还可以选修其他专业课程，对专业的学习起到补充作用，同时也关注了学生的兴趣和个性的发展，为其提供更多自主选择课程的机会。

然而，教育技术学课程模块看似自成体系，其实与其他模块也有联系；某些课程虽然归为某个课程模块，但同时也是其他模块不可或缺的内容。如果课程模块之间内容重复、结构不合理，也会造成泾渭分明、互不关联的格局。因此，人们不仅要注意模块内的联系，同时也要注意模块间的互补作用；不仅要学习单门课程，还应该通过课程与课程之间的关系，展开更加有效的学习。

第三节 教育技术学本科课程建设的理论探讨

"通过课程群建设，使课程设置、课程内容、教学设备、师资队伍、教学思想、教学方式方法等在教学系统中更好地得到优化，从而达到加强联系、减少重复、压缩课时、增加效果、调整整体优化的功效。"[①] 教育技术学课程以现代教育思想和理论为指导，重新设计和整合教学计划中的有关课程，以增强课程之间的联系性和整合性，实现教育技术学的人才培养目标。

---

① 吴开亮：《关于高师院校课程群建设的探讨》，《江苏高教》1999 年第 6 期。

不同课程的相互关系不仅影响单门课程的教学效果，而且还决定着课程群的稳定性。"想透过繁复的表象看出不同事物的共同本质，思维的抽象性增强了，研究的难度也会加大。这就需要强有力的理论工具来加以支持。"① 教育技术学课程群的相互作用与生物物种的相互作用类似。作为分析的视角，教育技术课程群的关系研究可以借鉴生物物种的相互关系。

一　协同进化：教育技术学课程群知识建构的内在目的

教育技术学课程群的知识建构指某一课程通过自身进化来影响其他课程，而其他课程的进化又改变着此课程的进化，导致整个课程群系统的进化。它有两层含义：一是课程群内部要素之间的协同，促进单个课程群的提升；二是课程群之间通过相互作用，实现多门课程群的发展。在协同进化的过程中，教育技术学本科专业课程之间通过相互调节来共同适应彼此的变化，以提高课程的整体水平。此时，多门课程的自身进化常常相互影响，形成了协同进化的课程群系统。

二　优势互补：教育技术学课程群知识建构的重要方式

互补原理起初是丹麦学者玻尔提出来解释量子力学的，后来被扩大到了广泛的认知领域。互补型协同进化指课程甲和课程乙之间不存在竞争关系，各自的进化对彼此都有利，即存在类似于物种的互利知识建构共同体。通过优势互补，教育技术学课程群打破了不同课程的界限，连通了不同的课程领域，丰富了课程群系统的内在联系。一方面，通过方法的互补，教育技术学课程群实现了科学方法的跨课程运用。例如，目前普遍应用的实验和模拟等方法最初只是在教育实验学、虚拟现实等课程中得到应用，经过其他课程的借鉴移植后，才逐渐扩散到教学系统设计、学习科学与技术等课程领

---

① 张舒予：《视觉文化研究与教育技术创新》，《中国电化教育》2006 年第 4 期。

域。另一方面，通过理论的互补，教育技术学课程群实现某门课程的理论向另一课程渗透迁移。在此过程中，即便若干课程中原先相对独立，由于发现了它们之间的新联系或者找到了综合描述它们的新理论，也可以建立外延上更广泛或内涵上更深刻的新课程。例如，通过优势互补，"视觉文化与媒介素养"课程与相关课程联合起来，构建从知识课程（"艺术基础""心理学"等）、能力课程（"图像处理""摄录编技术""摄影技艺"等）到素养课程（"视觉文化""媒介素养""视觉素养"等），形成相关课程群的知识建构研究关系，如图 12-1 所示。在具体实施中，侧重点从技能到素养，实现教学目标互补；更加紧密联系现实生活，实现教学策略互补；充分体现文化因素，实现学习环境互补；侧重关注综合素质，实现教学评价互补。为此，还可以建立课程群带头人，协调课程内在关系；关注相关课程内容，做到既有区别又有联系；侧重教学评价改革，引导产生互补；革新教学方法，强化人文精神培养。

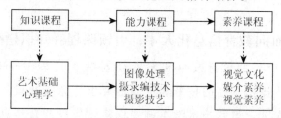

图 12-1　"视觉文化与媒介素养"课程与其他相关课程的互补关系

三　竞争升华：教育技术学课程群知识建构的路径选择

教育技术学课程群知识建构过程中，竞争升华成为重要的路径选择，以利于课程之间不断更新换代，体现教育信息化的社会需求和高素质人才培养的需要。例如，媒体技术和其他计算机技术的互相结合、互相渗透，使媒体类课程的新内容层出不穷，不断地涌现新的课程方向。在《高等学校教育技术学专业指导性专业规范（征求意见稿）》中，媒体与艺术基础知识的课程模块包括"艺术基础"

"摄影技艺""二维动画""三维动画""图像处理""音频处理""摄录编技术"和"多媒体交互界面设计"等课程。从课程群竞争升华的角度看，二维动画、三维动画两门课程是原有动画课程竞争升华的结果，"摄录编技术"相关课程也是传统教育电视课程的改革发展。

第四节　教育技术学本科课程建设的实践开展

"课程群的建设是复杂的系统工程，既要依据社会发展特别是基础教育发展需要以及专业人才培养目标、培养模式，遵循高等教育教学规律和课程群建设的基本原则，又要考虑学校和专业的自身实际。"① 教育技术学课程建设不仅需要理论层面深入探索，而且需经过实践的验证加以完善。

一　面向教育信息化人才，引领课程群知识建构

《国家中长期教育改革和发展规划纲要（2010—2020）》对教育信息化提出了新的任务和更高的要求，急需建设高素质的教育信息化人才。教育技术学本科课程建设应以教育信息化发展为导向，为高素质教育信息化人才培养提供支持。"各门课程在设置中要关注课程群中各课程的内容体系，注重各课程的互补性，避免重复性，即时融入新的知识，设置与社会发展紧密结合的课程，课程功能更完善，有利于学校培养目标的实现和课程的有效实施。"②

教育技术学本科课程群建设应以培养经济社会需求的信息化教育

---

① 陆为群：《高师院校课程群建设的原则和策略》，《黑龙江高教研究》2007 年第 11 期。
② 朱汝葵：《新课程背景下高师化学教学论课程群建设的构想》，《全球教育展望》2009 年第 9 期。

人才为根本目标，以解决教育信息化发展问题为出发点。为此，应该优化教育技术学本科课程群布局，加大与教育信息化紧密相关的课程群比重，提高实践应用课程群的比重，"整合教学内容和教学资源，确保内容的层次性、逻辑性、递进性和连通性，充分利用实验室、实习现场等资源，确保技能训练的连续、延伸、拓展和加深"①。

二　应用协同理论，指导课程群知识建构

教育技术学本科专业课程群知识建构需要正确的理论加以指导。"随着社会的发展与科技的进步，各种类型的协同教育的数量越来越多，协同教育在提高教育质量、扩大教育范围、实施终身教育中将起到重大作用，所以协同教育的研究与发展必然成为未来教育的主流。"② 协同论的核心思想是协同导致有序。协同论重在揭示自然普遍存在的有序、无序及其相互转化的基本规律，强调系统要素之间、不同系统之间或系统与环境之间都存在着"协同作用"。"课程群建设不仅仅是考虑自身课程体系的结构与内容，还需要很好地协调不同课程的内容，明确相互之间的区别以及逻辑关系。"③

以协同理论指导教育技术学本科专业课程群知识建构，"各课程教学内容具有不可重复性，同时知识点之间存在相对独立和离散性，知识点之间关系亲和，内容可集群；实践环节或技能培养环节是连贯、递进的"④。为此，教育技术学课程群应通过不同课程群的协同融合，构建结构优化、效果良好的课程群系统。在此过程中，要注意课程之

---

① 李冬、杨文安等：《网络技术及工程课程群建设改革与探索》，《职业技术教育》2002 年第 31 期。

② 李耀麟、刘魁元、杨慧敏：《基于协同教育理论的数字化校园构建研究》，《中国电化教育》2012 年第 1 期。

③ 谢文武、韩瑾：《课程群建设中课程内容的融合——以金融核心课程群为例》，《高等工程教育研究》2010 年增刊。

④ 丁志斌、李茂莉：《英语专业网络课程群资源建设模式与途径》，《现代教育科学》2010 年第 3 期。

间的关联，避免低层次的重复，使教育技术学课程群紧密衔接、相互支持；要与具体的社会文化环境和教育信息化需求相适应，发展教育技术学的新兴课程群、交叉课程群和边缘课程群。

三 构建互补体系，开展课程群知识建构

教育技术学"课程建设的体制与机制必须是动态的、开放的，而且必须与不同特色教育技术学专业的培养目标、社会对毕业生专业素质的要求相适应"[①]。教育技术学的课程体系不仅需要形成互补关系，更体现对教育技术人才培养的针对性、先进性和实用性。因此，需要根据专业特征和学生的兴趣，既提供丰富的专业课程群，提高学生专业能力；又涵盖其他选修课程群，不断开阔学生视野。

鉴于课程群的相关性和整合性，"课程群的建设必须立足于整个课程群体，应对课程群的所有内容进行整合"[②]。因此，有必要建设教育技术学的跨课程群组织，以加强课程群之间的横向联系。例如，以人才培养为目标导向，建立跨学科的教育技术学课程群；以重大教育改革为结合点，建立教育技术学课程群的教学团队；举办跨课程的教育技术学的教学实践，优化课程之间的相互关系，从而形成纵横交织、优势互补和灵活开放的教育技术学课程群。

四 实施科学评价，优化课程群知识建构

人们可以根据教学设计的基本原理和主要流程，在教学目标描述、学习者特征分析、教学模式应用、学习环境建构和教学评价开展等方面，深入探讨教育技术学课程群知识建构的评价问题。

为此，需要改革教育技术学课程群的评价体系，强化课程群的

---

① 桑新民：《探索并遵循专业建设发展的客观规律——在争鸣与合作中开创中国教育技术学的希望之路》，《电化教育研究》2005 年第 9 期。

② 丁志斌、李茂莉：《英语专业网络课程群资源建设模式与途径》，《现代教育科学》2010 年第 3 期。

知识建构因素，关注课程群知识建构的成果与产出。既要评价课程群知识建构的物质基础，更要评价课程群知识建构的文化氛围；既要评价影响课程群知识建构的外部条件，更要关注影响课程群的内部因素，特别是教师和学生等人的因素；既要评价课程群所取得的近期效果，更要关注课程之间的长期作用。

第十三章 小规模限制性在线课程与大规模开放式在线课程的比较研究

与传统网络课程相比，大规模开放式在线课程（MOOC）重要的优势在于学习者能够免费注册学习。2008 年加拿大的某些大学尝试借助网络平台将校内课程向公众开放，允许任何学习者免费注册和学习。依照开放理念开发的 MOOC 平台和 MOOC 课程也接踵而来。MOOC 课程经历了初步尝试时的平台建设、课程建设和大量课程实践，研究者对 MOOC 也从狂热的追捧向理性的反思转变。

MOOC 将传统学校中的学习流程（招生注册、授课、作业、讨论、考试和发证）在网络上实施，具有"大规模""开放""在线"的特点。最初的 MOOC 主要是名校名师开设，满足了学习者对于名师名校课程的内在需求，而且课程免费开放成本低廉，因而吸引了大量的学习者注册学习。随着 MOOC 的实践，相关问题也暴露出来了。（1）视频浏览所带来存储和宽带成本是巨大的。（2）课程注册率高，完成率低。根据 Katy Jordan 对 29 个 MOOC 平台的研究，MOOC 的平均完成率不到 7%。[①]（3）免费模式以及高辍学率所带来的盈亏失衡，成为 MOOC 可持续发展的极大障碍。[②]（4）学习者数

[①] "MOOC Completion Rates"：The Data，http：//www. katyjordan. com/MOOCproject. html.

[②] 杨竹筠、郑奇：《MOOC 等在线教育模式初探》，《科技与出版》2014 年第 2 期。

量较多、师生比例过高、学习支持服务不足造成学习者交互范围和深度不够。（5）学习者的评价主要以客观题评价为主，对学习者的评价比较客观但是不够全面和准确，难以满足学习者个性化学习的需求。（6）学习质量的认证还存在质疑，证书的效用有待提高。

针对 MOOC 的课程注册率高、完成率、免费模式带来的盈利失衡和学习支持服务不足的问题，国外高校率先提出 SPOC 课程的尝试。小规模限制性在线课程（SPOC）指针对少数（达到准入条件的）学生开设的在线课程，或者是在围墙内的大学生的课堂，采用 MOOC 的讲座视频、在线评价等功能实施的翻转课堂教学。其中，"small" 指学生规模一般在几十人到几百人；"private" 指对学生设置限制性准入条件，达到要求的申请者才能被纳入进来。可见，小规模限制性在线课程仍然像 "MOOC" 一样属于全球学习者都可以申请的免费在线课程，但对课程人数和课程条件进行了限制。申请条件没有统一的标准，根据具体的课程来定。通过审核的申请者才可以参加完整的学习。

与目前国内风靡名校的大规模开放式在线课程相比，总结小规模限制性在线课程实践，揭示其特点、规律，探讨其在我国的本土化建设，可以为我国的教育改革提供启示。

第一节　小规模限制性在线课程的发展

在国外，加州大学伯克利分校教授阿曼多·福克斯（Armando Fox）的教学团队采用小规模限制性在线课程模式，在伯克利校园和 edX 平台开设 "软件工程" 课程。校内外学生均可以在线上完成同样的任务，但校内学生要给真实的客户制作软件。该课程的评价采用自动评分措施，学生首先提交作业，然后会得到详细的评分结果，并获得比传统课程评价更详细、及时和有针对性的反馈信息。2013 年春季福克斯团队将小规模限制性在线课程模式迁移至美国宾汉姆顿等大学。此外，圣何塞州立大学、波士顿地区邦克山社区学院也分别与"edX"合作，开展"模拟电路""计算机编程语言"等小规模限制性在线课程实验。结果显示，接受 SPOC 的学生课程通过率及学业成就要远远高于接受传统课堂教学的学生。

2013 年哈佛大学依托 edX 平台开设多门 SPOC 课程。其中，法学院开设的"版权法"（Copyright）课程主要针对在线学员。该课程开设时间共 12 周，要求学员必须保证每周的学习时间不少于 8 小时，并参与每周 80 分钟的在线研讨。课程的限制条件要求申请者需提交个人的入学信息，写一篇小论文，说明申请原因和能够付出的努力①。课程审核小组对申请者提交的材料进行审核，从来自世界各地的 4100 名申请者中挑选出 500 名，参加正式在线的"版权法"课程学习；未申请成功的学习者可以作为旁听生进行注册和观看课程视频等课程公开部分的学习，但缺乏教学团队的指导和互动，课程结束时也不被授予任何证书。参考传统的课堂模式，学生被分成少于 25 人的项目组，由相应的人员担任助教，组织各小组开展讨论。课程结束后，采用考试方式进行评价。此外，由肯尼迪政治学院开设的"美国国家安全、战略和媒体面临的主要挑战"（Central Challenges of American National Security, Strategy and the Press: An Introduction）课程。该课程要求在线学生提交"有关美国政府应对叙利亚冲突"话题的书面作业以及学业证明作为限制条件，但不对在线学习者的职业背景做限制。该课程在给哈佛大学校园内的学生上课的同时，以 SPOC 的形式给 500 名在线学生上课，尝试线上线下融合的混合学习。课前，教师把 MOOC 视频材料当作家庭作业布置给学生，了解学生的知识点掌握情况；课堂内则组织学生就疑难问题进行分组讨论，处理作业或者其他任务；课程结束后，达到课程要求的学生被授予证书。

---

① Lee Gesmer, "Professor William Fisher's edX, 'CopyrightX' MOOC", http://mass law blog. com/copyright/observa-tions – on-professor-william-fishers-edx-copyrightx-mooc/. 2013 – 05 – 09.

除与"edX"合作的小规模限制性在线课程实验外,美国另一个主流"Coursera"平台的合作伙伴杜克大学和范德比尔特大学等采用了不同形式的混合学习。[①] 2013年4月,斯坦福大学在"NovoEd"平台上,也提供了SPOC在线课程。

在国内,清华大学推出的"学堂在线"进行了"C++程序设计"和"云计算与软件工程"两门SPOC课程的实验。2013年9月,清华大学在针对SPOC的平台"智学苑"上,推出"大学物理"等课程,开启了SPOC模式在中国的应用,并与中国地质大学、西南交大等高校合作进行课程实践。智学苑平台以教材为原点,以知识点体系为支撑,主要有五个方面的优点:(1)在资源组织方式上采用课程知识点体系对各种形式的多媒体资源进行整合,可以提高学习者的学习效率,同时也便于进行资源管理。(2)以记录学习者的成绩和学习行为数据分析为基础,在平台上建立科学合理的数据分析模型。(3)增加教师对学生管理和班级管理的常用的、具有针对性的教学管理模块。(4)内容呈现形式和教材设计上采用多媒体课件、画重点、做标注等立体化的教材模式。(5)与以MOOC平台课程视频为主的形式相比,"智学苑"以教材为原点的呈现方式,不仅拥有带宽方面的优势,而且在学习过程的有效支持上具有更大可能。[②] SPOC教学模式有助于提高学生的学习效率和学习效果。

国内除课程和平台的尝试外,也进行了新型课堂模式的尝试。例如,从2014年开始,电路原理课程依托"学堂在线"平台与清华大学、青海大学、南京大学和贵州理工学院四所学校进行了SPOC翻转课堂试点。清华大学2015年1月开设的"电路原理"课程,共开设12周,每周需要学习者投入6个小时。该课程需要学习者具有中学物理电学的基础知识。课程采用线上和线下相结合的方式,考试

---

① 康叶钦:《在线教育的"后MOOC时代"——SPOC解析》,《清华大学教育研究》2014年第1期。

② 郑奇、杨竹筠:《SPOC:结合高校教学的融合创新》,《物理与工程》2014年第1期。

成绩分为线上和线下两部分。线上包括课间联系、作业讨论情况；线下包括作业、课堂表现、实验和学习成绩。

梳理相关的 SPOC 案例，可以发现当前的 SPOC 针对的对象主要是在校大学生和在线学生。作为一种传统教学与在线教学相结合的混合学习模式，SPOC 主要在传统的大学课堂中采用 MOOC 的讲座视频（或同时采用其在线评价等功能）实施翻转课堂教学。教师可以根据自己的偏好和学生的需求，自由设置和调控课程的进度、节奏和评分系统。总结相关案例，小规模限制性在线课程的特点如表 13－1 所示。

表 13－1　　　　　　　　小规模限制性在线课程的案例梳理

案例特点 课程案例	教学平台	教学对象	教学内容	教学方式	教学效果
课程 1： 软件工程	edX	校内学员和线上学员	课程视频、课程材料	讲授式和实践活动式	完成率提高
课程 2： 版权法	edX	在线学员	课程视频、课程材料	讲授式和讨论式	完成率提高
课程 3： 美国国家安全	edX	校内学员和线上学员	课程视频、课程材料	讲授式和讨论式	完成率提高
课程 4： 电路原理	学堂在线	校内学员	课程视频、课程材料	讲授式和讨论式	完成率提高

与 MOOC 相比，SPOC 的最大特点为人数规模和入学条件的限制。入选者必须保证学习时间和学习强度，完成规定的作业和考试等。SPOC 课程对就读者设置条件，同时又给予其他旁听者一定的学习权限。这既满足了对申请者因材施教、分层教学的个性教学，同时也保证了基本教学资源公平开放，可以使不同的学习者根据自己的学习意愿有效地进行自主教学。另外，竞争环境的设置也能让申请通过的学习者产生一种归属感、责任感和竞争的紧迫感，从而提高学习者对于课程学习的重视程度和学习动力，有效保证学习者的学习质量。[①]

---

① 杨竹筠、郑奇：《MOOC 等在线教育模式初探》，《科技与出版》2014 年第 2 期。

SPOC（小规模限制性在线课程）在国外高校提出和试点后被引入国内的某些高校，应用到小规模的校内学生、部分在线学员和少数培训者等的课程教育，实现了 SPOC 和传统校园面授课堂教学的结合，有效地弥补了 MOOC 的短板。

第二节　概念内涵的比较

SPOC 既融合了 MOOC 的优势，又弥补了传统课堂的不足。与 MOOC 一样，SPOC 的出现也引起了争论。有学者认为，SPOC 只不过是在玩弄概念，追求标新立异而毫无新意，其实践也早就有人执行过了，也有人认为它是 MOOC 的强力竞争对手，有取而代之的趋势。其中，麻省理工学院的研究者认为 SPOC 是 MOOC 的一种分支，在 MOOC 的基础上创造出了混合型的教学环境。

SPOC 采用在线学习与线下面对面学习相结合的混合式教学（Blended Learning）。[1] 作为线上学习和线下学习相结合的混合模式，校内教师在开设 SPOC 时，先挑选一门 MOOC 的视频、资料、在线作业、测验等教学资源，让通过审核的学生先自主在线学习，然后在课堂上进行面对面的讨论、答疑、实验等，最后是线下期末考试环节到整个课程完成。[2] 没有通过审核的学生可以观看视频资源、资料等在线资源，但缺少课程教师的引导和交互反馈。SPOC 的在线教学平台与线下实体学校的结合，让 SPOC 平台能够更好地赋予学生个性化的学习体验，教师的引导和课后的讨论使教学行为更加完整，有效支持学习者开展深度学习。此时，MOOC 存在的课程完成率问题和学习质量问题得到比较好的解决。SPOC 不仅提高了学生的学习质量，而且体现了当地学校老师的价值；不仅降低了成本，而且具备天然

---

① 吕静静：《开放大学混合式教学新内涵探究——基于 SPOC 的启示》，《远程教育杂志》2015 年第 3 期。

② 同上。

的收费模式，更有利于在线教学平台的可持续发展。① SPOC 的特点在于在线学习已经跳出了复制课堂课程的阶段，正在努力创造更为灵活和有效的教学方式。② 基于 SPOC 与 MOOC 的特点分析，两者概念的比较如表 13－2 所示。

表 13－2　　　　　　　SPOC 与 MOOC 的概念比较

比较对象 比较维度	MOOC	SPOC
概念	大规模：学生规模大、数据量大；开放：课程和资源向所有人开放，而不限定特定用户；在线：课程学习方式采用在线的形式，课程包括了师生实时交互和整个教学过程	小规模：课程学员的数量有限制，一般是几十或几百；限制性：课程的准入条件有限制，课程的数量有限制。课程主要指面向少数达到准入条件的学生开设的在线课程
特点	规模大、开放性、交互广度大，深度低，在线教学模式，课程深度浅、覆盖面广	小规模、限制性，交互广度小，深度高，在线教学模式或者在线教学模式与传统教学相结合的混合教学模式。课程专业覆盖面窄，深度高
构成	学习者（申请者）、教学团队（教师个人为主）、在线平台、课程（课程视频、课程论坛、课程测试等）和在线教学模式	学习者（准入申请者）、教学团队、在线平台、课程（课程视频、课程论坛、课程测试、课程实践、在线讨论辅导或者课下辅导等）
功能	侧重于知识的传播与复制	侧重于知识的建构与创造
技术支持	网络、计算机或者移动设备以及已经建立的 MOOC 平台	网络、计算机或者移动设备以及已经建立的 MOOC 平台和 SPOC 平台（如智学苑）

因此，SPOC 是 MOOC 与传统校园教学的有机融合，是针对小规模、特定人群通过 MOOC 资源来改变传统高等教育现状的一种解决方案。③ 作为一种新型的课程范式，其具有小众化，限制性，集约化

---

① 杨竹筠、郑奇：《MOOC 等在线教育模式初探》，《科技与出版》2014 年第 2 期。

② 康叶钦：《在线教育的"后 MOOC 时代"——SPOC 解析》，《清华大学教育研究》2014 年第 1 期。

③ 徐葳、贾永政、[美] 阿曼多·福克斯、[美] 戴维·帕特森：《从 MOOC 到 SPOC——基于加州大学伯克利分校和清华大学 MOOC 实践的学术对话》，《现代远程教育研究》2014 年第 4 期。

等特点，能够促进 MOOC 与传统课堂教学的深度融合，代表了 MOOC 的未来发展方向。[①] 因此，它既不是 MOOC 的对立竞争模式，也不是传统的在线课程。SPOC 和 MOOC 应该同步进行，相互促进，进而提升课堂教学的质量和效率。[②]

第三节　教学设计的比较

不恰当的 SPOC 设计和应用反而会带来反效果。[③] SPOC 教学设计方面的研究非常有必要。与 MOOC 相同，SPOC 仍然遵循现代在线开放教育中的"免费""自由"和"开放"的理念，但有了一定的条件限制。（1）SPOC 在学习者的入学条件和学生规模上有所限制，符合要求的申请者才能被纳入进来。未申请成功的学习者可以以旁听生的身份注册学习。（2）开放的数量也有所限制，SPOC 的数量主要限制在几十到几百。小规模限制性在线课程对于学生限制，使学习者的学习效果更好。SPOC 侧重知识的吸收和知识的创造，超越了以传播和复制知识为主的 MOOC。因此，想获得较好的学习效果需要对 SPOC 课程进行精心设计，如表 13-3 所示。

表 13-3　　　　SPOC 与 MOOC 在教学设计方面的比较

比较对象 比较视角	MOOC	SPOC
学习者特征	人数多、身份多元化，起点水平差别大	人数相对较少，身份多元化，起点水平差别不大
教学目标	学习者共享知识，掌握学习内容	学习者共享知识，掌握知识，创造知识

①　陈然、杨成：《SPOC 混合学习模式设计研究》，《中国远程教育》2015 年第 5 期。

②　徐葳、贾永政、［美］阿曼多·福克斯、［美］戴维·帕特森：《从 MOOC 到 SPOC——基于加州大学伯克利分校和清华大学 MOOC 实践的学术对话》，《现代远程教育研究》2014 年第 4 期。

③　吕静静：《开放大学混合式教学新内涵探究——基于 SPOC 的启示》，《远程教育杂志》2015 年第 3 期。

续表

比较对象 比较视角	MOOC	SPOC
学习环境	完全网络环境（或者在线环境），主要依托 MOOC 平台进行	主要或者部分的网络环境，主要依托 MOOC 平台进行，少数尝试专业 SPOC 平台
教学策略	视频学习为主，论坛讨论为辅，在线测试	翻转课堂或者 MOOC 视频学习为辅助，讨论和在线指导为主，在线测试
教学评价	在线评价方式，客观评价为主，评价较为片面	在线评价方式和传统评价方式相结合，客观评价与主观评价相结合，评价比较全面

SPOC 限制了学习者的数量使学习者范围缩小，有效的教师指导成为可能。学习者的数量过多，教师的数量有限，师生的交互范围、交互次数和交互深度不足。学习者数量过多时，所发布到论坛的问题很容易被其他无关的问题和讨论覆盖掉。同时由于数量较多，教师一般在 MOOC 中采用先汇总问题，然后对问题的汇总主题给予回答。教师对问题的回答也由于学习者和问题数量过多，无法给予每个人针对性的答案。SPOC 对学生数量的限制使教师有限的精力更好地分配到学习者身上，解决问题的速度更快和针对性更强。教师可以利用现有的资源，尝试新的教学模式，实现更好的教学效果。

SPOC 限制学习者准入条件，学习者需求和特征更加明确，教学内容的针对性更强。一方面，为学习者设置一定的准入条件，有利于他们严肃对待在线学习，引导了解所要学习的课程和自己的真正需求，规划自己的学习安排，为后期的深度学习和讨论提供一定的空间。另一方面，教师可以通过学习者上交的申请文件来了解学习者的先验知识，明确学习者的总体特征和学习需求，选择适合的教学内容、学习方式和学习策略。

SPOC 让教学方式更加灵活，教学过程更加严谨。与 MOOC 以视频学习为主相比，SPOC 的教师或者教师团队可以更加灵活地利用现有的资源和平台进行课堂教学或者教学辅助。此时，教师可以采用混合教学的理念将 SPOC 和传统教学结合起来，使教学形式更加丰富多样，同时也在一定程度上弥补了传统教学的不足。教学过程中，教师给予学生更多的支持服务，教学评价方式采用客观评价与主观评价相结合。相对 MOOC 课程而言，SPOC 课程的专业性要求更高，教学过程也更加严谨。

教学环境相互辅助，资源相互使用。目前 MOOC 有自己专用的课程平台，MOOC 主要依托这些平台进行在线课程教学。SPOC 自己专有的平台相对较少，它主要依托 MOOC 平台进行在线部分的课程教学，利用当地的资源或者社交性软件进行在线讨论、问题解答等线下教学。SPOC 可以有选择地利用已有的 MOOC 学习资源，既减少了资源的浪费，又极大地丰富了课程的内容。如果在两个网站上要保证两门课程的内容一致是很难的，但是我们如果先运行 SPOC，做某些必要的调整，然后再运行 MOOC，这样比单纯的内容同步要好得多。[①] 如果遇到问题，在 SPOC 中修改起来比在 MOOC 中更为容易。另外，在 MOOC 教学过程中生成的优质资源可以用在 SPOC 教学中，辅助 SPOC 课程的教学。

SPOC 的评价要求更加严格，评价方式更加多样、范围更加全面，评价机制也更加完善。MOOC 主要采用紧密集成的社交网络、论坛等形式进行交互。SPOC 除使用此类交互方式外，还可以通过"面对面"的师生交互方式，在交互方式和交互深度等方面都有所扩展。与 MOOC 相比，采用 SPOC 教学的教师对学生的要求更加严格，可以在 MOOC 以客观题评价为主的基础上，加以扩展。例如，教师可以对学习者的作业、回答等给予细节的评价和反馈，比以客观题评价为主的课程评价更加全面；有条件的课堂采用传统考试的模式，提高考试的可信度。

---

① 李曼丽、张羽、叶赋桂等：《解码 MOOC——大规模在线开放课程的教育学考察》，清华大学出版社 2013 年版，第 136—137 页。

第四节 知识建构的比较

从认知的角度来分析，学习是知识建构的过程。在线学习同样符合基本的知识建构过程。一般的知识建构过程主要分为五个阶段：信息分析阶段、观点比较阶段、合作协商阶段、知识建构阶段和意义达成阶段。以知识建构的五个阶段作为分析框架来分析 MOOC 和 SPOC 的学习过程，如表 13－4 所示。概括而言，SPOC 对促进学习者知识的深度建构更具优势。

表 13－4　　SPOC 与 MOOC 在知识建构方面的比较

知识建构阶段＼比较对象	MOOC	SPOC
信息分析阶段	分析信息的能力、水平相差很大	分析信息的能力不一、水平差异相对较小
观点比较阶段	观点范围广，深度浅，冗余量大，难度大	观点范围小，深度深，冗余量小，难度小
合作协商阶段	在线方式，参与者数量众多，协商共识度低	在线或者在线与非在线混合，参与者数量相对较少，协商共识度高
知识建构阶段	干扰大	干扰小
意义达成阶段	建构结果呈现离散型，意义深度不足	建构结果较集中，意义深度较深

在信息分析阶段，学习者分析信息的能力一般与信息的接受能力和鉴别能力有关，受到以往知识经验的影响。SPOC 对学习者的学习条件进行限定，MOOC 则没有。相对 MOOC 课程来说，SPOC 的学习者信息分析能力更为集中。

在观点的比较阶段，学习者接受观点的多少和观点之间的相关性有关。一般来说学习者接受的观点越少，观点之间的相关性越多，学习者受到的影响则会越小。由于 MOOC 学习者数量较多，讨论方式主要采用开放论坛的模式，学习者会遇到其他学习者提出的相关观点甚至无关的观点。对课程的学习造成干扰，影响学习者的学习效果。SPOC 对学习者的数量做出限制，参与者提出的观点相对集中，有利于学习者在观点比较阶段的学习。

在合作协商阶段，协商的共识程度与其方式和参与者特征（学习者数量、专业知识水平）有关。一般来说，在协商的方式中，面对面的方式，协商的深度相对较深和难度相对较低，容易达成共识。与面对面的协商方式相比，在线的方式深度较浅、难度较小，不易达成共识。协商过程中，一般来说参与者的数量与协商的共识度成反比，即参与者的数量越多，共识程度就越低；参与者的专业知识水平（与协商主题相关）与协商的共识度成反比，即参与者专业知识水平差异越小，共识程度就越高。与 MOOC 相比，SPOC 的学习者数量有限，其知识水平相对集中，在协商过程中更易达成共识。

在知识建构阶段，学习者学习知识与已有知识建立联系；意义达成阶段是学习者将已有知识整合形成新知识的过程。知识的数量和知识之间的聚合程度会对两个阶段造成影响。知识的数量越多，知识建构的过程需要耗费更多的脑力。知识之间的相关度较高，知识建构的过程表现为强化前面所形成的知识联系。与 MOOC 相比，SPOC 教学内容范围较小，专业性较强，知识内容相对集中，意义达成的深度较高。

第五节　发展方式的比较

MOOC 在近年来进入低谷期，一定程度上说明其发展遇到了困境。SPOC 却在这一时期崛起。

一　课程内容吸引力的比较

大规模开放式在线课程在课程时间的设计上做出了改进，根据知识点将课程设计成一个个 5—15 分钟不等的短视频，有利于学习者观看和学习。大规模开放式在线课程加入了教学设计的理念，将整门课程打造成精品。但课程的完成率仍然没有很大的提高，体现了吸引力不足。

与 MOOC 相比，SPOC 更注重学习者的需求和课程内容的设计，抓住了解决课程吸引力问题的关键。相对于 MOOC 课程来说，SPOC 根据课程的知识点和教学对象，加强课程内容的设计，在知识学习和能力提升上更具有吸引力。

二　约束机制和交互深度的比较

MOOC 改变了以往在线课程的单方面知识传授。MOOC 学习者可以观看到老师的讲授，也可以向老师提出问题，更能够与同学们进行交流，并检测自己的学习效果。教师团队定期预告进度，公布并提醒课程的作业、测试的要求和实践，引导学习者以通过论坛或者其他方式来进行讨论，并对学习者提出的较为普遍的问题给予回答。课程的学习有时间的限制，在一定程度上给予学习者一定的约束，但由于学习者规模较大，师生交流在一定程度上浮于表面，交流的深度有所欠缺。与 MOOC 相比，SPOC 设置入学的条件并且限制学生的规模，既可以在无形之中对学生产生软约束的效力，又保证真正想要学习者有所得，并保留其他学习者学习的权利。教师团队会针对学生们的问题给予回答，并通过竞争选拔和淘汰制在一定程度上提高学习者自主学习的意识。此时，学员之间、教师和学员之间可以更好地进行探讨和交流，交互的深度大大提高。因此，相对于 MOOC 来说，SPOC 的交互次数明显增多，交互深度不断提高。

三　评估方式和认证效力的比较

在大规模在线开放课程中，由于学生规模庞大，教师不可能接触每个学生的测试结果或者作业。MOOC 的在线评估方式包括客观测试或者作业的机器评分和主观测试或者作业的同伴互评。在线机器评分方式在课程发展过程中不断进步，但同伴互评的方式却遭到质疑。采用同伴互评的前提是学生必须能够准确地把握试题的评分标准，每个学生对于评分标准的理解不同，打出的分数也就不同，评价出的分数也会遭到质疑。通过课程的学习者从最初的没有任何证明到成绩单、成绩认证证书以及目前部分学校联合的学分认证，可以看出 MOOC 的认证机制在不断地完善。然而，学习者获得的证书有什么作用、可以用来做什么和有多大效力目前还没有确定。甚至多数公司几乎不承认 MOOC 证书，也只是部分学校互认学分。

相对于 MOOC 课程的认证而言，SPOC 由于入学条件的限制和学习者规模相对较小，学习者可以在课程结束的时候给予分级的证书（优秀、合格等）。除此之外，SPOC 采用混合教学模式，评价方式与传统的评价没有什么区别，评价机制相对完善，证书的可信程度相对提高。部分课程有向公司提供部分优秀学员及其成绩的服务，认证机制相对完善，证书的效力不断增强。

表 13-5   **SPOC 与 MOOC 在发展方式方面的比较**

比较对象 发展状况	MOOC	SPOC
吸引力	对一般人群吸引力较大	对专业人群吸引力较大
约束机制	内在约束为主，约束机制不够健全	外在约束和内在约束共同起作用，约束机制有所改善
交互深度	交互广度大，深度浅	交互广度有限，深度深
评估方式	基于软件的测试、自我评判和学习者互评	基于软件的测试、教师综合评估和传统考试评估
证书效力	证书信用度受质疑，证书效力一般	证书信用度较高，证书效力比较好

第六节　教育效果的比较

对于我国的教育而言，MOOC 课程虽然受到重视，但在高校的落地仍然是较大问题。与 MOOC 不同，SPOC 对高等教育而言与其说是挑战，不如说是机遇，如表 13-6 所示。

把 SPOC 纳入高等教育体系，允许 SPOC 和传统教育相互补充、相互促进，可以为我国高等教育改革提供新的动力和发展的方向。只有面向社会需求，经过不断尝试，高校和老师才能知道什么是适合的，什么是不适合的，从而促进 SPOC 与高校的共同发展。

表 13－6　　　　　SPOC 与 MOOC 对我国教育改革影响比较

比较对象 教学改革	MOOC	SPOC
教学对象	没有任何条件的在线学习者	有一定专业知识的学习者
适合课程	一般通识类课程	实践类课程、专业类课程
教学效率	自学为主，约束机制较少，教学效率一般	自学为主，约束机制较健全，教学效率较好
教学效果	通过率较低	通过率较高

SPOC 可以成为一种新的课程发展方向。SPOC 主要采用在线教育的方式来进行教学，但同时可以纳入传统的教学模式之中。目前我国教育虽然在不断尝试在线教育的方式，但传统教育方式仍然占主要的地位。相对于单一的网络课程模式，我国的教育改革可以采用混合教育的模式，将 SPOC 和传统教育融合起来，利用 SPOC 的优势弥补传统课程的不足，提高教学质量。

SPOC 可以成为一种新的教育改革推动力。目前我国的在线课程的主要推动者是高校和政府，但经济投入仍不足。MOOC 课程虽然有部分企业的推动，但企业以利益为出发点和目标，目前很难保证最终 MOOC 教育获得很大的利润。SPOC 的提出者加州布克利分校的教授阿曼曾提出"商家对商家"的模式，即教学团队可以为学校、公司、个人或者机构提供课程，从而获得一定的利润作为发展资金。当然，为避免教学团队能力参差不齐，自由无约束发展的结果会造成混乱，SPOC 需要设立一定的监督机制对其进行约束引导。

参考文献

一 中文文献

（一）书籍专著

［1］［美］詹姆斯·比恩：《课程统整》，单文经等译，华东师范大学出版社2003年版。

［2］［美］威廉·多尔：《后现代课程观》，王红宇译，教育科学出版社2000年版。

［3］秦书生：《复杂性技术观》，中国社会科学出版社2004年版。

［4］尚玉昌：《生态学概论》，北京大学出版社2005年版。

［5］张立国：《虚拟学习社区交互结构研究》，教育科学出版社2009年版。

（二）期刊论文

［1］丁志斌、李茂莉：《英语专业网络课程群资源建设模式与途径》，《现代教育科学》2010年第5期。

［2］赵慧臣、张舒予：《博雅理念下的媒介素养教育：促进人的终身发展》，《现代教育管理》2009年第5期。

［3］钟志贤：《知识建构、学习共同体与互动概念的理解》，《电化教育研究》2005年第11期。

［4］陆为群：《高师院校课程群建设的原则和策略》，《黑龙江高教研究》2007年第11期。

［5］许世军、任小玲：《基于课程群建设的大学物理网上教学系统研究》，《教育与职业》2006 年第 30 期。

［6］刘德亮：《我国教育技术学科建设的现状与发展趋势——访北京师范大学黄荣怀教授》，《中国电化教育》2002 年第 10 期。

［7］曹玉娜：《推动教育技术学科的发展——课程整合最优化、课程设置合理化》，《现代远距离教育》2005 年第 4 期。

［8］赵朝会：《浅谈课程群建设》，《中国科教创新导刊》2008 年第 14 期。

［9］王俊晖：《教育技术专业课程现状与改革的思考》，《教育信息化》2002 年第 4 期。

［10］徐朝军、李艺等：《"知行合一"理念下的教育技术本科课程改革》，《中国电化教育》2009 年第 10 期。

［11］李龙：《教育技术领域·学科·专业》，《中国电化教育》2005 年第 12 期。

［12］朱汝葵：《新课程背景下高师化学教学论课程群建设的构想》，《全球教育展望》2009 年第 9 期。

［13］李冬、杨文安等：《网络技术及工程课程群建设改革与探索》，《职业技术教育》2002 年第 31 期。

［14］李耀麟、刘魁元、杨慧敏：《基于协同教育理论的数字化校园构建研究》，《中国电化教育》2012 年第 1 期。

［15］谢文武、韩瑾：《课程群建设中课程内容的融合——以金融核心课程群为例》，《高等工程教育研究》2010 年增刊。

［16］桑新民：《探索并遵循专业建设发展的客观规律——在争鸣与合作中开创中国教育技术学的希望之路》，《电化教育研究》2005 年第 9 期。

［17］申灵灵、张舒予：《教育技术学专业视觉素养教育的"4W"探析》，《现代远距离教育》2012 年第 2 期。

［18］张舒予：《"视觉文化与媒介素养"课程核心理念与教学设

计》，《现代远程教育研究》2012 年第 2 期。

[19] 聂黎生：《读图时代的视觉素养概念及其视觉素养教育》，《太原师范学院学报》（社会科学版）2009 年第 2 期。

[20] 施珺、尹琦：《课程群网络智能教学平台构建浅析》，《高教论坛》2006 年第 5 期。

[21] 庄慧娟、柳婵娟：《基于解释的协作知识建构过程模型》，《现代教育技术》2008 年第 9 期。

[22] 李彤彤、马秀峰：《教师虚拟学习社区中的知识建构实证分析》，《电化教育研究》2011 年第 9 期。

[23] 陈向东、赵怡：《基于知识建构的在线异步交流评价》，《中国电化教育》2008 年第 12 期。

[24] 郭丽娜、任剑锋：《基于 Silverlight 的可视化协作知识建构工具的设计与实现》，《电化教育研究》2012 年第 4 期。

[25] 朱永海、张舒予：《从共享到共生：基于专题学习网站的知识建构演进与实践策略》，《中国电化教育》2012 年第 12 期。

[26] 张义兵、陈伯栋等：《从浅层建构走向深层建构——知识建构理论的发展及其在中国的应用分析》，《电化教育研究》2012 年第 9 期。

[27] 李臣之：《后现代主义课程理论试探》，《教育科学》1999 年第 1 期。

[28] 赵慧臣、何媛：《美国大卫·帕金斯的元课程理论解读》，《上海教育科研》2009 年第 7 期。

[29] 张玉欣：《后现代视角下的高职精品课程建设》，《教育与职业》2012 年第 5 期。

[30] 郭必裕：《高校课程群建设中课程内容融合与分解的探讨》，《现代教育科学》2005 年第 2 期。

[31] 范钦珊：《面向 21 世纪的系列课程建设》，《中国高等教育》1997 年第 3 期。

[32] 吴开亮：《关于高师院校课程群建设的探讨》，《江苏高教》1999 年第 6 期。

[33] 张树义：《协同进化（一）：相互作用与进化理论》，《生物学通报》1996 年第 11 期。

[34] 陶侃：《游戏 MOOD 中的知识建构、共同体与网络学习资源的再创新》，《电化教育研究》2009 年第 10 期。

[35] 宋述强、曾小牧：《"目的性学习"与"知识建构社群"——加拿大多伦多大学"CSILE/Knowledge Building"项目综述》，《中国电化教育》2005 年第 7 期。

[36] 郭必裕：《课程群建设与课程体系建设的对比分析》，《现代教育科学》2005 年第 7 期。

[37] 范守信：《试析高校课程群建设》，《扬州大学学报》（高教研究版）2003 年第 3 期。

[38] 陈文山：《组建课程群打造学科优势》，《琼州大学学报》2003 年第 5 期。

[39] 王嘉才等：《课群及其质量检查评估指标体系的研究》，《高等工程教育研究》1999 年增刊。

[40] 龙春阳：《课程群建设：高校课程教学改革的路径选择》，《现代教育科学》2010 年第 2 期。

[41] 梁树军、程静：《软件人才培养课程群的探索与实现》，《计算机教育》2008 年第 22 期。

[42] 张恒：《论高校服装结构设计课程群及体系化建设》，《青年文学家》2009 年第 24 期。

[43] 杨竹筠、郑奇：《MOOC 等在线教育模式初探》，《科技与出版》2014 年第 2 期。

[44] 付八军、冯晓玲：《高校课程群建设：热潮还是趋势》，《江苏高教》2007 年第 4 期。

[45] 何龙群：《科学发展观与民族院校的发展》，《高教论坛》2005

年第 1 期。

[46] 李晏墅、李金生：《营销类课程群创新模型的构建》，《江苏高教》2005 年第 4 期。

[47] 李慧仙：《论高校课程群建设》，《江苏高教》2006 年第 6 期。

[48] 刘思峰等：《定量方法（模型、预测、决策）精品课程群教学改革探索》，《黑龙江高教研究》2005 年第 12 期。

[49] 蒋持平等：《基础力学课程群实验教学改革的初步探索》，《力学与实践》2007 年第 6 期。

[50] 李晴：《地理学科教学论课程群建设的实践探索》，《辽宁师范大学学报》（自然科学版）2006 年第 3 期。

[51] 杨继美、李贵庆、钟明宝：《体育教育专业"体操课程群"的建设构思》，《山东体育学院学报》2006 年第 6 期。

[52] 孙涛：《会计学精品课程群建设中的教学改革及对策》，《中国管理信息化》2007 年第 1 期。

[53] 蔡梅娟：《文艺学课程群教法改革新探》，《中国大学教学》2008 年第 10 期。

[54] 秦剑、胡晓、唐冬：《基于课程群的电子信息工程创新实验体系改革探索》，《实验技术与管理》2012 年第 4 期。

[55] 岳琳：《关于广电新闻采写课程群教学改革思考》，《新闻知识》2010 年第 12 期。

[56] 燕雪峰、陈兵等：《研究生网络课程群实践教学体系研究》，《计算机教育》2011 年第 23 期。

[57] 王勇、方娟等：《计算机网络课程群的规划与建设》，《计算机教育》2010 年第 2 期。

[58] 乔德军、张延军、赵培华：《面向 Java 软件工程师的课程群建设研究》，《中国成人教育》2009 年第 12 期。

[59] 王宁、王珊：《数据管理课程群的构建和实施方案研究》，《中国大学教学》2010 年第 6 期。

[60] 毛国君、方娟等:《计算机系统结构课程群的"1+2+3"模式及其应用》,《中国大学教学》2008 年第 9 期。

[61] 方芳、夏蓓洁:《能力本位、输出驱动与英语专业课程群建设》,《山东外语教学》2010 年第 3 期。

[62] 张晓辉、蒋文杰:《"国际商法"课程在国际贸易专业课程群中的定位及其教学》,《高等工程教育研究》2010 年增刊。

[63] 关叶青、刘思峰、方志耕:《基于创新能力培养的定量方法课程群建设实践》,《辽宁教育研究》2006 年第 9 期。

[64] 覃焕昌、潘大胜、颜锦:《新建本科院校电子信息工程专业课程群化建设研究与实践》,《教育与职业》2009 年第 11 期。

[65] 吴松林:《机械设计制造及其自动化专业课程群建设》,《职业技术教育》2009 年第 26 期。

[66] 张月玲、韩汭清等:《"大财务会计"课程群教学团队建设研究》,《会计之友》2009 年第 9 期。

[67] 王福忠、艾永乐:《电工电子课程群教学平台的建设》,《中国大学教学》2009 年第 9 期。

[68] 潘菊素、陶燕丽:《基于课程群负责人制的教学基层组织的构建及其运行机制设计》,《辽宁教育研究》2003 年第 10 期。

[69] 俞建伟:《高校教学科研基层组织改革与专业课程群负责人制的探索》,《高教探索》2007 年第 5 期。

[70] 张舒予:《视觉文化研究与教育技术创新》,《中国电化教育》2006 年第 4 期。

[71] 时龙:《复杂系统研究的基本思想及教育反思》,《教育科学研究》2013 年第 7 期。

[72] 教育研究编辑部:《2013 中国教育研究前沿与热点问题年度报告》,《教育研究》2014 年第 2 期。

[73] 张斌贤、陈瑶等:《近三十年我国教育知识来源的变迁——基于〈教育研究〉杂志论文引文的研究》,《教育研究》2009 年

第 4 期。

［74］蒋园园：《教育政策执行复杂性研究：复杂理论的视角》，《教育发展研究》2011 年第 7 期。

［75］杨颖东：《学校变革的复杂性探析：复杂科学的视角》，《教育发展研究》2012 年第 4 期。

［76］陈一壮：《埃德加·莫兰的"复杂方法"思想及其在教育领域内的体现》，《教育科学》2004 年第 2 期。

［77］李玉芳：《复杂思维视野下的课堂教学评价》，《当代教育科学》2008 年第 2 期。

［78］张超、祝智庭：《在线学习者异步交互的拓扑结构研究——一种基于复杂网络模型的分析》，《电化教育研究》2009 年第 2 期。

［79］李茶：《复杂理论视域下的大学生性别角色及相关学习者因素调查》，《教育与职业》2013 年第 21 期。

［80］钟柏昌、李艺：《社会网络分析在教育研究领域的应用——基于教育类核心期刊刊文的评述》，《教育研究》2013 年第 9 期。

［81］张维玺：《保质量 求发展 优化高校资源的途径——以江苏技术师范学院电气信息类专业基础平台课程群建设为例》，《江苏技术师范学院学报》2010 年第 7 期。

［82］李慧仙：《高校课程群三论》，《煤炭高等教育》2006 年第 4 期。

［83］康艳红：《〈环境化学〉网络课程群建设的方法与实践》，《沈阳师范大学学报》（自然科学版）2011 年第 3 期。

［84］允春喜、秦延红：《以课程群为核心的资源优化与人才培养研究》，《科学与管理》2012 年第 2 期。

［85］周朴雄、陶梦莹：《面向产业集群创新的知识建构共同体研究》，《情报科学》2014 年第 12 期。

［86］杨卉：《网络学习共同体知识建构的传播方式探究》，《电化教育研究》2008 年第 6 期。

［87］金慧、张建伟、孙燕青：《基于网络的知识建构共同体：对集体知识发展与个体知识增长的互进关系的考察》，《中国电化教育》2014 年第 4 期。

［88］谢幼如、宋乃庆、刘鸣：《基于网络的协作知识建构及其共同体的分析研究》，《电化教育研究》2008 年第 4 期。

［89］斯琴图亚：《基于活动理论的班级知识建构共同体的社会—认知动态分析》，《电化教育研究》2009 年第 3 期。

［90］Marlene Scardamalia、张建伟、孙燕青：《知识建构共同体及其支撑环境》，《现代教育技术》2005 年第 3 期。

［91］马秀芳、李克东：《皮亚杰与维果斯基知识建构观的比较》，《中国电化教育》2004 年第 1 期。

［92］赵建华：《知识建构的原理与方法》，《电化教育研究》2007 年第 5 期。

［93］刘黄玲子、朱伶俐、陈义勤、黄荣怀：《基于交互分析的协同知识建构的研究》，《开放教育研究》2005 年第 2 期。

［94］甘永成：《虚拟学习社区的知识建构分析框架》，《中国电化教育》2006 年第 2 期。

［95］谢幼如、宋乃兵、刘鸣：《网络课堂协作知识建构的群体动力探究》，《电化教育研究》2009 年第 2 期。

［96］况姗芸：《异步 CSCL 情境中协作知识建构的动力机制研究》，《中国电化教育》2012 年第 7 期。

［97］张学波、郑志华：《协作知识建构的社会网络分析》，《开放教育研究》2009 年第 4 期。

［98］王佑镁：《协同学习环境中的知识建构及其社会网络分析》，《现代远距离教育》2010 年第 6 期。

［99］胡勇、王陆：《异步网络协作学习中知识建构的内容分析和社会网络分析》，《电化教育研究》2006 年第 11 期。

［100］张舒予、朱永海、聂竹明：《从共享到共生：基于视觉文化

专题网站的知识建构新理念》,《现代远距离教育》2012 年第 4 期。

[101] 刘明祥、朱书强:《基于 Web 的知识建构支持系统设计》,《中国远程教育》2002 年第 9 期。

[102] 赵建华、David McConnell:《网络学习中的协作知识建构》,《外语电化教育》2007 年第 6 期。

[103] 李毅超、曹跃等:《信息安全专业计算机网络课程群建设初探》,《实验科学与技术》2008 年第 3 期。

[104] 甘永成:《虚拟学习社区中的知识建构收敛过程分析》,《现代远距离教育》2005 年第 6 期。

[105] 李彤彤、马秀峰:《教师虚拟学习社区中的知识建构实证分析》,《电化教育研究》2011 年第 9 期。

[106] 吴文华、耿雪、罗一萍:《教师在线实践社区(TOPIC)远程学习圈中知识建构水平与特征分析》,《中国电化教育》2012 年第 10 期。

[107] 周素萍:《移动虚拟学习社区中知识建构双回路循环模型研究》,《中国电化教育》2012 年第 3 期。

[108] 张惠:《基于网络的知识建构共同体的研究》,硕士学位论文,陕西师范大学,2007 年。

[109] 庄慧娟、柳婵娟:《基于解释的协作知识建构过程模型》,《现代教育技术》2008 年第 1 期。

[110] 韩涌波:《论网络语音室在英语知识建构中的作用》,《外语电化教育》2003 年第 3 期。

[111] 王佑镁:《信息技术支持知识建构:层次模型与效果分析》,《远程教育杂志》2009 年第 6 期。

[112] 庄慧娟、李克东:《计算机支持小学数学知识建构的研究》,《中国电化教育》2011 年第 2 期。

[113] 张义兵、孙俊梅等:《基于电子书包的知识建构学习——四年

级小学生的写作分析》,《中国电化教育》2013 年第 12 期。

[114] 郭丽娜、任剑锋:《基于 Silverlight 的可视化协作知识建构工具的设计与实现》,《电化教育研究》2012 年第 4 期。

[115] 庄慧娟、李克东:《应用 MP_ Lab 促进小学数学知识建构的探索》,《中国电化教育》2008 年第 7 期。

[116] 庄慧娟、李克东:《利用 MP_ Lab 支持小学数学概念类知识建构的研究》,《电化教育研究》2011 年第 11 期。

[117] 杨玉宝:《概念图在协作知识建构中的应用过程研究》,《远程教育杂志》2007 年第 6 期。

[118] 杨惠、吕圣娟、王陆等:《CSCL 中学习者人际交往对高水平知识建构的影响》,《开放教育研究》2009 年第 1 期。

[119] 杨惠、吕圣娟、王陆等:《CSCL 中教师的教学组织行为对学习者高水平知识建构的影响研究》,《中国电化教育》2009 年第 1 期。

[120] 王云、董炎俊:《学习者个性特征对虚拟学习社区中知识建构的影响研究》,《电化教育研究》2013 年第 1 期。

[121] 王陆:《虚拟学习社区社会网络位置与知识建构的关系研究》,《中国电化教育》2010 年第 8 期。

[122] 柴少明:《CSCL 中促进协作知识建构的策略》,《现代远程教育研究》2012 年第 5 期。

[123] 周跃良、林秀钦:《意义生成与虚拟学习环境系统中的知识建构机制设计》,《中国电化教育》2005 年第 4 期。

[124] 林铭:《网络环境下基于专题的协作知识建构教学设计》,《电化教育研究》2009 年第 1 期。

[125] 庄慧娟、李克东:《基于活动的小学数学概念类知识建构教学设计》,《中国电化教育》2010 年第 2 期。

[126] 李文光、何克抗:《以知识建构与能力生成为导向的教学设计理论中认知目标分类框架的研究》,《电化教育研究》2004 年

第 7 期。

[127] 李鹏、周明全、黄荣怀：《面向协同知识建构的小组共识形成策略研究》，《中国电化教育》2008 年第 10 期。

[128] 张洪岩、赵建华：《基于协作知识建构的专业英语网络课程设计理念——以〈国际贸易英语〉课程为例》，《外语电化教育》2008 年第 7 期。

[129] 赵海霞：《网络环境下基于问题的协作知识建构设计与实践——以大学生"结构化学"课程教学改革为例》，《中国电化教育》2013 年第 1 期。

[130] 陈斌：《知识建构：认知与技术的融合》，《电化教育研究》2011 年第 6 期。

[131] 冯尚春、王迎春：《高校课程群建设研究——以马克思主义理论延伸课为例》，《教育理论与实践》2010 年第 8 期。

[132] 刘丽珍等：《智能信息处理精品课程群建设思考》，《计算机教育》2012 年第 18 期。

[133] 赵青松、梁敬东：《管理类电子商务专业网络课程群探讨与实践》，《高等农业教育》2009 年第 2 期。

[134] 俞如旺：《生物教师教育课程体系及其网络课程群的构建与实践》，《实验室科学》2012 年第 4 期。

[135] 杨素萍、杨茂庆：《教育技术的后现代审视》，《电化教育研究》2008 年第 12 期。

[136] 魏明、堵俊、吴晓、孙博：《面向应用技能型人才培养的智能交通系统集成方向课程群建设研究》，《教育教学论坛》2014 年第 17 期。

[137] 覃永新、蔡启仲、陈文辉、林川：《微机与嵌入式系统精品课程群建设的研究与探索》，《中国科技信息》2008 年第 20 期。

[138] 孙燕、曲维光、吉根林：《网络课程群综合实验教学平台的构建与实施》，《计算机教育》2010 年第 23 期。

［139］盛琳阳：《面向能力培养的计算机网络课程群建设研究》，《计算机教育》2013 年第 14 期。

［140］康叶钦：《在线教育的"后 MOOC 时代"——SPOC 解析》，《清华大学教育研究》2014 年第 1 期。

［141］郑奇、杨竹筠：《SPOC：结合高校教学的融合创新》，《物理与工程》2014 年第 1 期。

［142］吕静静：《开放大学混合式教学新内涵探究——基于 SPOC 的启示》，《远程教育杂志》2015 年第 3 期。

［143］徐葳、贾永政、［美］阿曼多·福克斯、［美］戴维·帕特森：《从 MOOC 到 SPOC——基于加州大学伯克利分校和清华大学 MOOC 实践的学术对话》，《现代远程教育研究》2014 年第 4 期。

（三）学位论文

［1］王梅：《基于生态原理的学科协同进化研究》，博士学位论文，天津大学，2006 年。

［2］王平：《生态平衡观视域下的高等学校职能调控研究》，硕士学位论文，河北科技大学，2009 年。

［3］郭绘绘：《高校网络课程群建设的现状与对策研究》，硕士学位论文，河南大学，2013 年。

［4］熊芳：《基于博客的电子商务专业网络课程群的设计与实现》，硕士学位论文，湖南大学，2007 年。

［5］徐睿：《高校教师网络学习共同体的知识建构》，硕士学位论文，江西师范大学，2007 年。

［6］汤轶辉：《基于网络的"学校群"教师实践知识建构研究》，硕士学位论文，浙江师范大学，2010 年。

［7］张惠：《基于网络的知识建构共同体的研究》，硕士学位论文，陕西师范大学，2007 年。

［8］甘永成：《虚拟学习社区中的知识建构和集体智慧研究》，博士

学位论文，华东师范大学，2004 年。

[9] 田秋艳：《虚拟学习社区中知识建构的影响因素研究》，硕士学位论文，东北师范大学，2009 年。

[10] 张玉华：《Wiki 环境下支持协作知识建构的学习活动设计与实践》，硕士学位论文，西南大学，2010 年。

[11] 徐梦：《Wiki 支持下的可视化知识建构系统研究》，硕士学位论文，浙江工业大学，2011 年。

[12] 刘春荣：《基于 Wiki 社群的知识建构与团队学习研究》，硕士学位论文，江西师范大学，2007 年。

[13] 张延飞：《利用博客促进知识建构的协作学习模式研究》，硕士学位论文，河北大学，2011 年。

[14] 肖曼：《基于博客圈的师范生知识建构的行动研究》，硕士学位论文，华中师范大学，2013 年。

[15] 李红梅：《图形化表达：促进小学生知识建构学习》，硕士学位论文，南京师范大学，2012 年。

[16] 杨亮涛：《利用概念图促进知识建构的研究》，硕士学位论文，华东师范大学，2005 年。

[17] 鲍贤清：《概念图在课堂协作知识建构中的应用研究》，硕士学位论文，上海师范大学，2006 年。

[18] 杨玲：《信息化环境下概念图在协作知识建构中的应用研究》，硕士学位论文，西南大学，2012 年。

[19] 高智英：《促进知识建构的网络课程学习情境创设研究》，硕士学位论文，河北大学，2007 年。

[20] 王艳艳：《促进知识建构的虚拟学习社区教学交互设计》，硕士学位论文，河北大学，2010 年。

[21] 陈明明：《桌面虚拟实验中学习者知识建构和迁移的影响因素研究》，硕士学位论文，浙江师范大学，2011 年。

[22] 褚金岭：《促进知识建构的协同学习论坛的研究》，硕士学位

论文，华东师范大学，2006 年。

[23] 樊丹丹：《Web2.0 环境下促进隐性知识建构的学习活动设计与应用研究》，硕士学位论文，西南大学，2011 年。

[24] 唐小娟：《基于知识建构过程的网络学习交互分析研究——以 Moodle 平台中〈现代远程教育〉课程论坛为例》，硕士学位论文，浙江师范大学，2007 年。

[25] 张雪云：《基于知识建构的网络课程交互活动设计研究》，硕士学位论文，西北师范大学，2009 年。

[26] 赵怡：《基于知识建构的在线异步学习评价指标体系研究》，硕士学位论文，上海师范大学，2008 年。

[27] 张志娟：《区域性在线教师培训的知识建构研究：以英特尔未来教育核心网络课程为例》，硕士学位论文，上海师范大学，2010 年。

[28] 杨俊锋：《知识建构共同体视角下网络课程的开发与实践》，硕士学位论文，东北师范大学，2006 年。

[29] 杜明华：《知识建构：LEGO 机器人编程语言学习案例及其意义》，硕士学位论文，华东师范大学，2007 年。

[30] 吕楠楠：《基于知识建构理论的小学 STS 课程内容构建的实证研究》，硕士学位论文，南京师范大学，2012 年。

[31] 马晓绛：《基于学习活动的课程群知识库的构建研究》，硕士学位论文，苏州大学，2007 年。

[32] 李洁：《中国本科护理人文社会科学"领域综合"课程模块构建研究》，硕士学位论文，山西医科大学，2008 年。

（四）网络资源

[1]《信号与系统精品课程群》，http：//jpkc. wzu. edu. cn/xhyxt/col_kcqjs/default. aspx？tid =66。

[2]《设计思维课程群》，http：//course. jingpinke. com/details？uuid = a761ab8c - 1229 - 1000 - 9658 - 144ee02f1e73 & courseID =

X0800243。

［3］《英语教学法精品课程群》，http：//jpkc. wzu. edu. cn/met/。

［4］《传感与检测技术课程群》，http：//jpkc. hfut. edu. cn/2006/cgyjcjs/szdw. php。

［5］《机电一体化课程群》，http：//gc. nuaa. edu. cn/ec3. 0/C21/jdgroup/机电一体化课程群. htm。

［6］《民商法学精品课程》，http：//fzxy. wzu. edu. cn/old/fz － msfx/AboutUs. aspx。

［7］《苏大率先构建"三位一体"核心课程群体系》，http：//www. people. com. cn/GB/paper39/9384/869439. html。

［8］《广西大学法学院》，http：//law. gxu. edu. cn/。

［9］《西华大学加大课程改革力度 四门"人格与素养课程群"选修课获准重点建设》，http：//news. xhu. edu. cn/news/xihuayao-wen/2010 － 12 － 02/14935. html。

［10］《专业与课程群信息收集会议通知》，http：//www. czmec. cn/s/36/t/198/2c/c0/info11456. htm。

［11］《温州大学信号与系统精品课程》，http：//jpkc. wzu. edu. cn/xhyxt/default. aspx。

［12］江苏省高校多媒体教学资源网，http：//cc. njnu. edu. cn。

［13］《温州大学现代教育技术课程》，http：//jpkc. wzu. edu. cn/met/。

［14］《青岛科技大学数理学院》，http：//sl. qust. edu. cn。

［15］教育部高等学校教育技术学专业教学指导委员会：《高等学校教育技术学专业指导性专业规范》，http：//www. edu. cn/yjbg_12336/20120629/t20120629_ 801409. shtml。

二　英文文献

（一）印刷文献类

［1］Dewey, John. , *Experience and education*. Bloomington, IN：Kappa

Delta Pi, 1938.

［2］William Doll, *Post-Modern Perspective on Curriculum*, Teachers'
College Press, 1993.

［3］Scardamalia, M. & Bereiter, C., "Computer Support for Knowledge
Building Communities". *The Journal of the Learning Sciences*, （3）
1994.

［4］Harris, J., "Organizing and Facilitating Telecollaborative Projects".
The Computing Teacher. 1985, 22 （5）.

［5］Scardamalia, M. & Bereiter, C., Computer Support for Knowledge
Building Communities. *The Journal of the Learning Sciences*, 3 （3）,
1994.

［6］M. Riel. *Global Education through Learning Circles*. MIT Press, 1993.

［7］M. C. Linn, "Designing the Knowledge Integration Environment". *International Journal of Science Education*, 2000 – Taylor & Francis.

［8］Kang, M. & Kwon, Y., "A Conceptual Framework for a Web-based
Knowledge Construction Support System", *Educational Technology*,
2001, 41 （4）.

（二）网络资源类

［1］"MOOC Completion Rates": The Data, http: //www. katyjor-
dan. com/MOOCproject. html.

［2］Lee Gesmer, "Professor William Fisher's edX, 'CopyrightX' MOOC,"
http: //mass law blog. com/copyright/observa-tions-on-professor-wil-
liam-fishers-edx-copyrightx-mooc.

附　录

一　大学生对课程群知识建构的基本认识的调查问卷

同学，您好！本问卷旨在调查大学生对课程群知识建构的认识情况。问卷多为选择题形式（特别注明的为多选题，否则为单选题）。此次问卷制作为研究使用，题目选项无对错之分。请在所选答案的序号上画"√"，或将答案填写在相应的横线上。谢谢支持！

1. 你所在的年级：_____

A. 大一

B. 大二

C. 大三

D. 大四

2. 你的性别是：_____

A. 男

B. 女

3. 你认为所学专业课程之间是否存在一定的联系？_____

A. 存在

B. 不存在

C. 不清楚

D. 从未注意到此问题

4. 你认为所学专业课程之间有哪些方面的联系？（多选）

_____

   A. 课程目标方面

   B. 课程教学方面

   C. 课程内容方面

   D. 课程评价方面

5. 以下哪些特点能够体现出不同课程之间的联系？（多选）

_____

   A. 课程之间有层级

   B. 教学目标互补

   C. 课程难度有变化

   D. 课程前后衔接

6. 在教学中，你认为教师有必要将不同课程的知识联系起来么？

_____

   A. 有必要

   B. 没有必要

   C. 不清楚

   D. 从未注意到此问题

7. 在教学中，教师应如何让不同专业课程形成联系？（多选）

_____

   A. 教学目标逐步递进

   B. 课程内容互补，减少重复

   C. 教学评价逐渐上升

   D. 教学团队的相互协作

8. 你认为学习中需要将不同课程的知识联系起来么？_____

   A. 需要

   B. 不需要

   C. 不清楚

D. 从未注意到此问题

9. 你认为学习中如何将不同课程的知识联系起来？（多选）

_____

A. 课程群的知识建构，产生互补效应

B. 以递进的方式考察课程评价

C. 以联系的方式学习课程内容

D. 以信息技术支持跨课程的学习

10. 你认为信息技术能否促进课程之间协同发展？_____

A. 能

B. 不能

C. 不清楚

D. 从未注意到的问题

11. 为什么信息技术能够促进课程群知识建构的发展？（多选）

_____

A. 教学方法更丰富

B. 教学模式多样化

C. 学习资源更多样

D. 网络化学习方式

12. 信息技术如何促进课程群的知识建构？（多选）_____

A. 基于网络的协同教学模式

B. 课程学习策略更加多元化

C. 开放交流的学习平台

D. 多样化的学习资源类型

13. 学校是否应该促进课程群的知识建构？_____

A. 应该

B. 不应该

C. 不清楚

D. 从未注意到此问题

14. 学校是在哪些方面促进课程群的知识建构？（多选）_____

A. 采用协同方式构建教学内容

B. 采用多样的教学方法

C. 构建多种教学资源

D. 构建互补的教学团队

15. 学校是如何促进课程群的知识建构？（多选）_____

A. 设计多元化的教学内容、形式和手段，课程能力层级由低到高

B. 以课程群方式开展教学活动

C. 多门专业课程的设置与专业能力构成相对应

D. 多教师合作，共同担任相关课程的教学工作

16. 请你谈谈你对专业课程群的知识建构发展的想法或建议。

二 高等学校教育技术学专业课程组

2010 年 10 月的高等学校教育技术学专业指导性专业规范推荐了教学系统设计、数字教育媒体、信息技术教育、教育软件工程和教育装备技术 5 个方向课程组，以培养相应的职业取向的专业知识与能力。在具体教学计划中的课程体系还应该包括如音乐、美术、摄影等基础课程。

课程组一：教学系统设计

课程类别	课程名称	建议学时	备注
高级课程	教育信息化项目管理	54 学时	核心
	绩效技术	54 学时	
	项目评价方法	54 学时	
	多媒体课件设计与开发	54 学时	核心
	教育技术学专业英语	36 学时	

续表

课程类别	课程名称	建议学时	备注
主干课程	远程教育应用	54 学时	核心
	培训课程设计与开发	54 学时	核心
	信息技术教育应用	54 学时	核心
	学习科学与技术	36 学时	核心
	教育传播学	36 学时	核心
	教育技术研究方法	54 学时	核心
	教学系统设计	54 学时	核心
	教育技术学导论	36 学时	核心
基础课程	教育电视节目编导与制作	54 学时	核心
	企业网架构与应用	54 学时	核心
	教育软件分析与设计	54 学时	核心
	多媒体平面设计	54 学时	核心
	Web 应用技术	54 学时	核心
	高级语言程序设计	54 学时	核心

课程组二：数字教育媒体

课程类别	课程名称	建议学时	备注
高级课程	视觉文化与媒介素养	54 学时	
	移动学习应用	54 学时	核心
	计算机动画制作	54 学时	核心
	多媒体平面设计	54 学时	核心
	教育技术学专业英语	36 学时	
主干课程	教育电视节目编导与制作	54 学时	核心
	教育软件分析与设计	54 学时	核心
	多媒体课件设计与开发	54 学时	核心
	教学媒体的理论与实践	54 学时	核心
	教育传播学	36 学时	核心
	教育技术研究方法	54 学时	核心
	教学系统设计	54 学时	核心
	教育技术学导论	36 学时	核心

课程类别	课程名称	建议学时	备注
基础课程	教育电视系统	54学时	核心
	多媒体技术基础	54学时	
	网络技术基础	54学时	
	多媒体艺术基础	54学时	
	高级语言程序设计	54学时	核心

课程组三：信息技术教育

课程类别	课程名称	建议学时	备注
高级课程	教育信息化项目管理	54学时	核心
	信息技术教育应用	54学时	核心
	企业教育理论与方法	54学时	核心
	计算机动画制作	54学时	核心
	教育技术学专业英语	36学时	
主干课程	远程教育应用	54学时	核心
	信息技术课程教学论	54学时	核心
	教育电视节目编导与制作	54学时	核心
	学习科学与技术	36学时	核心
	教育传播学	36学时	核心
	教育技术研究方法	54学时	核心
	教学系统设计	54学时	核心
	教育技术学导论	36学时	核心
基础课程	人工智能技术基础	54学时	
	数据库技术基础	54学时	
	网络技术基础	54学时	
	多媒体课件设计与开发	54学时	核心
	多媒体技术基础	54学时	
	高级语言程序设计	54学时	核心

课程组四：教育软件工程

课程类别	课程名称	建议学时	备注
高级课程	知识管理方法与技术	54 学时	
	教育信息管理系统	54 学时	核心
	教学平台设计与开发	54 学时	核心
	教育技术学专业英语	36 学时	
	教育游戏设计	54 学时	核心
主干课程	教育软件分析与设计	54 学时	核心
	数字化校园规划与实施	54 学时	核心
	远程教育应用	54 学时	核心
	多媒体课件设计与开发	54 学时	核心
	教育传播学	36 学时	核心
	教育技术研究方法	54 学时	核心
	教学系统设计	54 学时	核心
	教育技术学导论	36 学时	核心
基础课程	Web 应用技术	54 学时	核心
	数据库技术基础	54 学时	
	多媒体技术基础	54 学时	
	数据结构	54 学时	
	网络技术基础	54 学时	
	高级语言程序设计	54 学时	核心

课程组五：教育装备技术

课程类别	课程名称	建议学时	备注
高级课程	教育信息化项目管理	54 学时	核心
	教育传播学	36 学时	核心
	嵌入式系统设计与开发	54 学时	核心
	数字化教具与学具设计	36 学时	
	教育技术学专业英语	36 学时	

续表

课程类别	课程名称	建议学时	备注
主干课程	远程教育应用	54 学时	核心
	数字化校园设计与实施	54 学时	核心
	多媒体课件设计与开发	54 学时	核心
	教育人机工程	54 学时	核心
	教育装备系统规划与集成	54 学时	核心
	教育技术研究方法	54 学时	核心
	教学系统设计	54 学时	核心
	教育技术学导论	36 学时	核心
基础课程	电子技术基础	54 学时	
	教育电视系统	54 学时	核心
	网络技术基础	54 学时	
	数据库应用系统开发技术	54 学时	
	多媒体技术基础	54 学时	
	高级语言程序设计	54 学时	核心

后　记

　　课程群知识建构研究在课程建设与发展中具有重要的作用。坦率地说，作为教育学、生态学与课程论等跨学科研究，它已经超出自己的学术能力。但由于课程群的知识建构对人才培养的重要性，总是令我对其抱有浓厚的兴趣，并努力发挥个人潜力，积极有所开拓，尝试为我国的课程改革提供一定的理论参考和案例借鉴。

　　本书在梳理国内外相关文献的基础上，分析了课程群知识建构的理论基础，探讨了课程群知识建构的研究现状和内在机制，以期能够用来解决课程建设中遇到的实际问题。本书是在借鉴他人研究成果的基础上，结合自己的教学体验所写的，自身学科背景和知识结构的局限难免会影响研究的结果。

　　本书的完成既有赵慧臣的撰写和统稿，又离不开其他同学的辅助支持。其中，文洁、王玥、李彦奇、孙阳、张秋萍、陆晓婷、余莉莉等协助调整了书稿的格式规范。另外，王玥参与了第四章的材料梳理与数据统计工作；刘革参与了第七章、第十三章的材料梳理工作；何琦参与了第十二章的材料梳理工作；刘亚同参与了第二章的材料梳理与数据统计工作；郭绘绘、李彦奇参与了第八章的材料梳理工作。在此向他们的辛勤付出表示感谢。

　　在后续的研究过程中，我还会持续关注课程群的知识建构研究问题，并扩大研究对象的范围，设计更为合理的调查问卷，以了解教师、学校等对课程群知识建构的态度与认识；继续梳理课程群知识建构的优秀案例，为课程群建设探索更为有效的策略，以提高其知识建构的质量。

在书稿出版之际，特别感谢中国社会科学出版社的帮助和支持。感谢他们为书稿修改所提的中肯建议以及其他方面的辛勤付出。本书还引用了大量的学术文献或学术观点，在此一并感谢。

赵慧臣

2015 年 7 月